Joachim von Loeben

# Atempause

Die Motorradreisebücher im

**Fotos Umschlag**

oben: Hamer-Frau in Äthiopien
unten: Salz-Ton-Pfanne Sossusvlei

3. Auflage 2014

© 2007 by Highlights-Verlag, Euskirchen

Alle Rechte vorbehalten. Kein Teil dieses Buches
darf ohne schriftliche Genehmigung des Verlages vervielfältigt
oder verbreitet werden. Unter dieses Verbot fällt
insbesondere auch die gewerbliche Vervielfältigung per Kopie,
die Aufnahme in elektronische Datenbanken und
die Vervielfältigung auf CD-ROM.

Fotos: Joachim von Loeben
Lektorat: Martin Schempp
Gestaltung: Sylva Harasim
Druck und Bindung: Aalexx, Großburgwedel

ISBN 978-3-933385-36-9

# Inhalt

**Kapitel 1**
Am Anfang war der Gedanke ... Seite 6

**Kapitel 2**
Über die verschneiten Alpen ins blühende Tunesien ... Seite 10

**Kapitel 3**
Libyen – zu Besuch bei den Tuareg ... Seite 16

**Kapitel 4**
Ägypten – auf den Spuren der Pharaonen ... Seite 44

**Kapitel 5**
Im Sandsturm durch die Wüsten des Sudan ... Seite 58

**Kapitel 6**
Äthiopien – haarscharf am Knast vorbei ... Seite 70

**Kapitel 7**
Äthiopien – die Danakil-Senke, des Teufels Backofen ... Seite 89

**Kapitel 8**
Kenia – Lebensretter in der Wüste ... Seite 104

**Kapitel 9**
Tansania – zu Fuß auf den Gipfel des Kilimandscharo ... Seite 115

**Kapitel 10**
Uganda – im Reich der Berggorillas ... Seite 126

**Kapitel 11**
Ruanda, Burundi, Malawi, Sambia, Botswana
– Völkermord im Paradies ... Seite 136

**Kapitel 12**
Namibia – Camping bei den Himba ... Seite 152

**Kapitel 13**
Südafrika, Lesotho, Mosambik
– Schotterpässe und Schneepisten ... Seite 163

**Resümee**
Eine Reise, die den Menschen verändert ... Seite 180

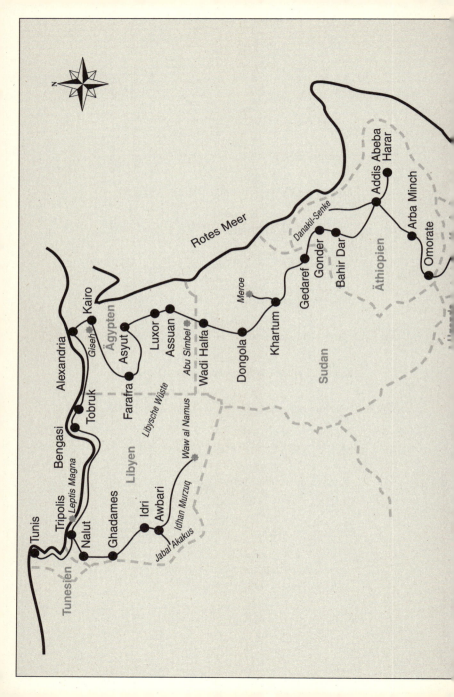

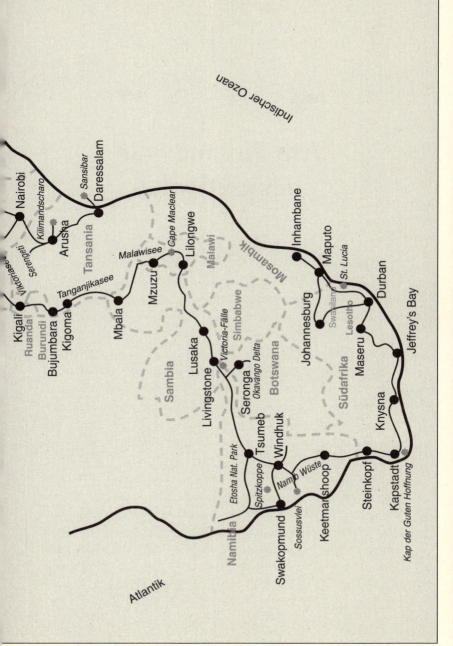

Kapitel 1

# Am Anfang war der Gedanke

Wenn einer eine Reise tut, dann kann er was erzählen, lautet ein Sprichwort. Jeder der ein Ziel in der näheren oder weiteren Umgebung seines Wohnortes oder sogar einen fremden Kontinent besucht hat, weiß viele interessante und unbekannte Dinge zu berichten.

Auch ich möchte von diesen Dingen erzählen, die mir in 344 Tagen und auf über 50.000 Kilometern begegnet sind. Es sind Erlebnisse und Erinnerungen an Menschen, Ereignisse und Landschaften, die sich tief in mein Herz und meine Seele eingebrannt und meine Lebenseinstellung verändert haben. Ich bin durch Afrika gefahren. Davon handelt dieses Buch.

Gewiss kann es viele Gründe geben, nach Afrika zu fahren: Die Sehnsucht nach Abenteuern, eine andere und neue Seite der eigenen Persönlichkeit zu erfahren, pure Neugierde oder ganz einfach der Wunsch, einen fremden Kontinent fernab der gängigen Tourismusrouten zu erkunden und kennen zu lernen. Sicherlich spielten all diese Dinge auch bei meiner Fahrt eine Rolle, aber lassen Sie mich von Anfang an erzählen. Denn der

Beginn ist weit weniger abenteuerlich und außergewöhnlich als Sie es vielleicht vermuten.

Alles fing mit einer durchzechten Nacht in der Düsseldorfer Altstadt an. Auf einer Kneipentour erspähte ich plötzlich ein Werbeplakat für einen Diavortrag. Darauf stand: »Abgefahren – 16 Jahre um die Welt«. Ein Pärchen aus Köln war mit zwei Motorrädern durch alle Kontinente unserer Erde gereist. Ich fand, das klang spannend. Natürlich hatte ich weder die Zeit noch das Geld, es ihnen gleichzutun.

Aber trotzdem, dieser Abend war die Geburtsstunde eines Plans: Ich werde mir eine Atempause gönnen, den Trott des Alltags hinter mir lassen und mit dem Motorrad ein Jahr lang den buntesten und faszinierendsten aller Kontinente, den afrikanischen, durchqueren.

Mein Leben war bis dahin nach herkömmlichen Maßstäben erfolgreich verlaufen: Lehre, Studium, Beruf. Eine wirtschaftlich gesicherte Zukunft stand mir bevor. Doch wo war die Perspektive? Was fehlte, war die andere Seite – das wirkliche Leben mit all seinen Facetten.

Das Ganze war eine verrückte Idee, insbesondere wenn man auf einem Bauernhof im tiefsten Niedersachsen aufgewachsen ist. Dort hatte ich mehr Erfahrungen mit Traktoren als mit Motorrädern gemacht. Einzig und allein ein Mofaunfall war zu Buche geschlagen – ich war mit Tempo 30 gegen unsere Scheunenwand geknallt.

Mein erster Aufenthalt weit weg von daheim führte mich nach Oberfranken, genauer gesagt zum Jurastudium nach Bayreuth. Dort begann ich meine praktischen Erfahrungen mit motorisierten Zweirädern zu vervollständigen. Nachdem ich die erste Hürde des Studiums, den kleinen BGB-Schein, gemeistert hatte, kaufte ich mir gewissermaßen zur Belohnung den Kultroller schlechthin, eine »Schwalbe« von Simson. Das hatte den

Vorteil, dass ich nun nicht mehr den steilen Festspielhügel zu meiner Wohnung mit dem Fahrrad hochradeln musste.

Einen normalen Motorradführerschein machte ich erst viel später mit 26 Jahren als Austauschstudent in Frankreich. Da meine Eltern immer dagegen waren, bot sich der Aufenthalt in Bordeaux geradezu an, dort die Fahrerlaubnis zu erwerben.

Zum Ende meines Studiums sanierte ich das alte Motorrad meines Vaters. Es war eine Dürrkopp MD 150, die mehr Augenweide als zuverlässiges Gefährt war. Man lag mehr unter der Maschine, als dass man sie fuhr. Meine praktischen Erfahrungen mit Motorrädern waren also immer noch gering und von theoretischer Natur, als der Plan durch Afrika zu reisen geboren wurde.

Wenige Tage nachdem ich das besagte Plakat gesehen hatte, kaufte ich mir das Buch zum erwähnten Diavortrag. Nach der Lektüre stand mein Plan endgültig fest: Ich will Afrika von Nord nach Süd mit dem Motorrad durchqueren.

Zunächst suchte ich nach einem Zweirad, das für die Strapazen einer solchen Reise geeignet ist. Mein Freund Philippe hatte mir die Honda Africa Twin als ein sehr zuverlässiges Motorrad ans Herz gelegt. Ich suchte leider vergeblich nach einer entsprechenden Maschine. Aber dann, als ich fast schon aufgeben wollte, kam mir der Zufall zur Hilfe. Eines Tages im Juni 2001 sah ich eine Africa Twin am Straßenrand stehen. Mein Traummotorrad mit 45-Liter-Tank und diversen Umbauten. Herausgeputzt zum Losfahren Richtung Afrika. Schnell war ein Zettel an den Tacho gesteckt, und ich hatte Glück. Der Eigentümer wollte den »Afrikanischen Zwilling« tatsächlich verkaufen, und bald war ich sein neuer und stolzer Besitzer.

In der zweiten Hälfte des Jahres 2003 nahmen meine Reisepläne endlich konkretere Formen an. Nachdem ich mir bereits im Dezember 2002 eine 1,60 m x 1,00 m große Afrikawandkarte gekauft hatte, vervollständigte ich meinen Bestand im Sommer 2003 mit drei Michelin-Karten vom Schwarzen Kontinent. Gleichzeitig vermehrte ich meine Lektüre an Reiseführern über Afrika. In Hochzeiten stapelten sich bis zu 20 Reiseführer auf meinem Nachttisch, alle aus der Bücherei ausgeliehen.

Inzwischen war es November geworden, die heiße Phase der Reisevorbereitungen begann. Die Honda musste noch modifiziert werden und erhielt ein besseres Federbein für das Hinterrad, stabilere Sturzbügel, Stahllenker, eine Membranbenzinpumpe und wurde noch mal auf Herz und Nieren gecheckt.

Vor der Reise gab es noch allerhand Formalitäten zu regeln. Da war vor allen Dingen ein Carnet de Passages zu beantragen. Dabei handelt es sich um ein Zolldokument für Motorräder, das vom ADAC ausgestellt wird. Dieses Papier gewährleistet, dass im Fall eines Verkaufs der Maschine der ADAC die Zollkosten übernimmt. Sicherheitshalber beantragte ich auch einen internationalen Führer- und Fahrzeugschein. Die Bemühungen um Visa, diverse Impfungen und all die Kleinigkeiten, die notwendig sind, wenn man ein Jahr verreist, nahmen einen Großteil meiner Freizeit in Anspruch.

Mit meinem Arbeitgeber – inzwischen war ich bei einer Bank beschäftigt – vereinbarte ich die Freistellung für ein Jahr. Denn so lange sollte meine Reise dauern.

Von meiner Familie erwartete ich bezüglich meines Vorhabens wenig Begeisterung. Darum teilte ich es ihr auch erst mit, als es nicht mehr zu verbergen war. An Weihnachten 2003 besuchte ich den heimischen Bauernhof. Bedauerlicherweise ging man so gut wie gar nicht auf meine bevorstehende Reise ein. Stattdessen machten flapsige Bemerkungen die Runde wie: »Wir haben schon eine Lebensversicherung für dich abgeschlossen.« Wollten die mir ein schlechtes Gewissen einreden? Doch jetzt konnte mich nichts mehr aufhalten. So startete ich am 1. Januar 2004 zu meiner Reise ins Unbekannte.

Kapitel 2

# Über die verschneiten Alpen ins blühende Tunesien

An diesem Morgen stehe ich, wie schon an den vorherigen Tagen, sehr früh auf. Gerade heute spüre ich die Anspannung der letzten Tage besonders stark. Langsam sind meine körperlichen Reserven am Ende. Es wird Zeit, dass ich abreise. Aber zunächst muss ich die verbliebenen Reste meiner Habe, die ich noch nicht verstaut habe, in den Keller räumen. Denn meine Wohnung habe ich für die Zeit meiner Abwesenheit untervermietet. Freundlicherweise hilft mir mein Freund Jochen dabei. Danach packe ich mein Reisegepäck zusammen. Wie erwartet und befürchtet ist es zu viel. So fahre ich, schwer bepackt mit einem zusätzlichen Rucksack, am späten Nachmittag los.

Die erste Etappe, die über die Autobahn zunächst nach Frankfurt/Main führt, ist bitterkalt. Warme Zuflucht finde ich für drei Stunden bei meinem Vetter Wolf, bei dem ich (für den Fall der Fälle …) noch eine Generalvollmacht für den Todesfall unterzeichne. Beim Abschied erzählt er mir, dass ihn vor zwei Wochen ein Pärchen besucht habe, das 16 Jahre mit dem Motorrad um die Welt gefahren sei. Ich lache nur und denke: »So schließt sich also der Kreis.«

Ich drücke auf den Starter, und es geht weiter nach Heidelberg. Die letzten dreißig Kilometer fängt es an zu schneien. Meine erste Schneefahrt – vorsichtshalber reduziere ich die Geschwindigkeit. Erst gegen Mitternacht erreiche ich die Neckarstadt, wo ich totmüde bei meiner Schwester Anne und ihrem Mann Werner ins Bett falle.

Am nächsten Tag erwache ich gegen 11.00 Uhr. Schnell, kurz bevor das zuständige Amt schließt, beantrage ich einen zweiten Reisepass. Ich nehme an, dass er mir auf meinem Abenteuer von Nutzen sein kann. Beispielsweise, wenn ich aus irgendwelchen Gründen Afrika »fluchtartig« verlassen muss. Man weiß ja nicht, was einen dort erwartet. Glaubt man den Berichten in den Massenmedien, dann stehen Überfälle, Naturkatastrophen, Entführungen, Seuchen und Bürgerkriege auf der Tagesordnung.

Abends werde ich zu einem vorzüglichen Abschiedsessen im Restaurant eingeladen. Wie lange ich wohl auf solche kulinarischen Genüsse verzichten muss? Immer mehr steigen die Spannung und die Ungewissheit in mir. Was wird mich in Afrika erwarten? Ich kenne den Kontinent so gut wie gar nicht, einzig und allein eine touristische Ägyptenreise schlägt zu Buche. Die kann man aber mit dem Abenteuer, dem ich mich jetzt aussetzen will, nicht vergleichen.

Am folgenden Morgen fange ich an, mein Gepäck zu reduzieren. Ich will den zusätzlichen Rucksack unbedingt loswerden. Ich breite mein gesamtes Reisegepäck in der Garage aus, nehme jedes Stück einzeln in die Hand und stelle mir die Frage: Brauche ich das wirklich? Die Aktion gelingt, und ich kann den Rucksack tatsächlich bei meiner Schwester lassen. Einzig meine Teva-Sandalen hätte ich doch besser mitnehmen sollen, wie sich in Afrika herausstellen wird.

Inzwischen ist es Nachmittag geworden, und die Reise gen Süden geht weiter. Ich fahre, was das Zeug hält, um bei Helligkeit noch eine möglichst lange Strecke abzureißen. Der wunderschöne, schneebedeckte Schwarzwald fliegt an mir vorbei.

Am frühen Abend erreiche ich die deutsch-schweizerische Grenze. Dort lege ich eine weitere Schicht Kleidung auf. Endlich friere ich nicht mehr so elendig.

Inzwischen ist es dunkel geworden, mit gedrosselter Geschwindigkeit cruise ich in Richtung Luzern, wo ich gegen 19.30 Uhr einlaufe. Da meine Schwester Anne nach Luzern kommt, um meine Wintersachen gegen Sommerkleidung einzutauschen, muss ich mich nun beeilen. Denn pünktlich um 20.15 Uhr fährt ihr Zug am Bahnhof ein.

Wir nehmen Unterkunft in einem netten Hotel, das die typische Gemütlichkeit der Schweiz ausstrahlt. Ein leckeres Käsefondue, das wir im Restaurant des Hotels genießen, rundet diesen guten Eindruck ab. Anschließend machen wir einen Bummel durch das zauberhaft beleuchtete Luzern. Leise rieselt der Schnee, und die Kristalle blitzen im schummrigen Licht. Schnee werde ich in der nächsten Zeit wohl nicht mehr so häufig zu Gesicht bekommen, denke ich im Stillen.

Morgens kommt es am Bahnhof zu einem tränenreichen Abschied. Zurück im Hotel, ziehe ich alle meine Sommersachen übereinander an. Ich kann mich kaum noch bewegen und komme mir vor wie ein Astronaut bei der Mondlandung. Der Hoteljunge muss mir beim Aufsteigen auf die Honda das rechte Bein über den Sattel heben. Danach fahre ich durch ein Wintermärchen: Verschneite Bergkuppen, und am Straßenrand türmt sich der Schnee bis zu zwei Meter hoch.

Nach dem Gotthardtunnel lege ich meinen ersten Aufwärmstopp ein. Als ich wieder aus dem Restaurant schlendere, denke ich nervös ans Aufsteigen. Sollte ich wieder fremde Hilfe benötigen? Ich kann das Bein mit letzter Kraft gerade noch so auf die Sitzbank heben und schiebe es langsam nach vorn. Ein Stein fällt mir vom Herzen, diesmal habe ich es allein geschafft.

Schließlich erreiche ich Italien, wo es gleich ein bisschen wärmer wird. Pünktlich zum Sonnenuntergang fahre ich nach Genua hinein. Mich überkommt ein freudiges Gefühl, als ich den roten Feuerball ins Meer eintauchen sehe.

Mein erster Weg führt zum Fährhafen. Dort wollen mir geschäftstüchtige Hafenarbeiter sofort ein Fährticket nach Tunis andrehen. Das Schiff würde schon in einer Stunde fahren, versichern sie mir wort- und gestenreich. Halt! Das geht mir jetzt alles ein wenig schnell. Unverrichteter Dinge ziehe ich ab.

Im Reedereibüro informiere ich mich in aller Ruhe über die Fähre »Carthage«, die zu den schönsten und sichersten Fähren des Mittelmeers gehört. Gerade deshalb will ich sie benutzen. Sie soll am nächsten Tag in See stechen.

Eine herrliche Straße mit einer Spitzkehre nach der anderen führt zur Jugendherberge. Sie liegt sehr schön auf einem Berg oberhalb der Stadt, mit einem Lichtermeer zu ihren Füßen. Leider ist sie wegen Renovierungsarbeiten geschlossen. So bin ich gezwungen, mir eine andere Bleibe zu suchen.

Auf der Suche nach einem Hotel bleibe ich zwischen einem Bauzaun und einer Kirchenwand stecken. Ein Schwarzafrikaner hilft mir, die verkeilte Maschine wieder frei zu bekommen. Wie ich finde, ein gutes Omen für meine Reise.

Das gewählte Hotel »Bologna« liegt idyllisch in der Altstadt. Erschöpft von der Kälte und den vielen neu gewonnenen Eindrücken falle ich aufs Bett und schlafe sofort ein. Mir wird klar, dass ich noch lange kein Motorradprofi bin!

Der nächste Morgen, es ist der 5. Januar, sieht mich gut gelaunt durch die Gassen von Genua schlendern. Was für eine schöne Stadt mit ihren prachtvollen Palästen, Kirchen und weitläufigen

Plätzen, nicht zu Unrecht Kulturhauptstadt von Europa 2004.

Mein letzter Einkauf, den ich vor der Abreise mache, gilt einer Metallkette, mit der ich meinen Helm am Motorradlenker festmachen kann. Ob ich das Ding in Afrika überhaupt gebrauchen kann? Dann rolle ich auf die Fähre, und es heißt: Auf Wiedersehen Europa.

Auf dem Schiff wundere ich mich: Kein Motorradfahrer oder Tourist weit und breit. Offensichtlich wird die Fähre nur von heimkehrenden Tunesiern genutzt. Wie soll ich so einen Reisepartner finden?, schießt es mir durch den Kopf. Die Atmosphäre an Bord ist entsprechend trostlos. Man sieht mehr gelangweiltes Personal als Fahrgäste umherlaufen. Meine Kabine teile ich mit einer anderen Person, die mitten in der Nacht hereinstürzt und sogleich auf Nimmerwiedersehen verschwindet.

Am Nachmittag wird es plötzlich hektisch, eine halbe Stunde später legt das Schiff in Tunis an. Da ich alle notwendigen Formalitäten bereits während der Überfahrt erledigt habe und meine Papiere in Ordnung sind, dauert die Zollabfertigung nur fünf Minuten. Plötzlich bittet mich ein Zöllner um Zigaretten. Noch nicht einmal richtig in Afrika und schon der erste Versuch abzukassieren. Das kann ja heiter werden. Doch dann mischt sich ein Kollege ein und weist den habgierigen Menschen zurecht. Zur Ehrenrettung aller afrikanischen Zöllner muss ich allerdings betonen, dass dies das einzige Erlebnis dieser Art auf meiner ganzen Reise bleiben wird. Jetzt endlich beginnt das große Abenteuer. Ich bin auf dem afrikanischen Kontinent gelandet. Guten Tag, Afrika!

Es macht großen Spaß, durch die engen und verwinkelten Gassen von Tunis zu kurven. Hier herrscht ein Verkehrschaos, durch das man sich selbst mit dem Motorrad nur mit Mühe schlängeln kann. Am Abend bette ich mein Haupt in der Jugendherberge, die in einem morgenländischen, reich verzierten Palast aus dem 18. Jahrhundert untergebracht ist. Noch empfinde ich es als merkwürdig, dass ich mein Motorrad mitten im Foyer der Herberge abstellen darf. Ein Bild für Götter, das im weiteren Verlauf meiner Reise ganz normal sein wird.

Ich gehe in ein Internetcafé und schreibe meine erste Nachricht aus der Wahlheimat in die alte Heimat. Zu diesem Zeitpunkt ist das Internet mein einziges wirkliches Kommunikationsmedium mit der Außenwelt, denn hier in Tunesien spricht kaum jemand Englisch oder Französisch.

Kapitel 3

# Libyen – zu Besuch bei den Tuareg

Am Morgen des 7. Januar beginnt meine erste große Etappe auf dem afrikanischen Kontinent. Sie führt von Tunis nach Medenine, das 450 Kilometer entfernt an der libyschen Grenze liegt.

Ich habe mir vorgenommen, am frühen Morgen loszufahren, aber leider verschlafe ich. Ist vielleicht der extreme Klimawechsel daran schuld? Immerhin bewegte ich mich vor einigen Tagen noch im winterlichen Schnee und Eis Europas. Hier sind die Temperaturen, zumindest wenn die Sonne scheint, schon recht mild und angenehm.

Es ist schon Mittag, als ich starte. Ich fahre durch Orangenhaine, die um das Cap Bon herumführen. Die Landschaft ist grüner, abwechslungsreicher und landwirtschaftlich intensiver genutzt, als ich es mir in meiner Phantasie ausgemalt habe.

Meine heutige Strecke führt nach Süden immer der Sonne entgegen. In El Jem stoße ich auf die Überbleibsel der römischen Herrschaft in Nordafrika, die fast sechshundert Jahre andauerte. Diese Epoche ging erst in den Jahren 642/643 nach Christus zu Ende, als die Region von den Truppen des Islams erobert wurde. Die sehr schöne Ruine eines antiken Theaters lädt mich zu einem Besuch ein. Ich komme mir vor wie im Kolosseum von Rom, das über eine ähnlich großzügige Architektur verfügt. Einzig und allein die Gladiatoren fehlen.

Hinter El Jem wird es plötzlich sehr windig. Immer wieder spüre ich eine kalte Brise. Auf der Höhe des Golfs von Gabes machen sich die Fallwinde des Mittelmeers stark bemerkbar. Ich habe Schwierigkeiten, mein Motorrad in der Spur zu halten und bin gezwungen, die Fahrgeschwindigkeit auf 70 km/h zu drosseln, um einen Sturz zu vermeiden. Der Wind lässt erst wieder nach, als ich weiter ins Landesinnere komme.

Langsam neigt sich der Tag dem Ende zu. Da ich möglichst nahe an die libysche Grenze herankommen möchte, verstoße ich zum ersten Mal gegen die goldene Afrikafahrer-Regel: Ich fahre bei Dunkelheit. Eine gefährliche Sache, denn Tiere und Schlaglöcher befinden sich massenhaft auf der unbeleuchteten Straße. Sie sind leicht zu übersehen, und es bedarf einiger riskanter Ausweichmanöver. Ich bin froh, als ich mein Tagesziel Medenine unbeschadet erreiche.

Da mein Motorrad auf dem Parkplatz einer örtlichen Bank eingeschlossen ist und der Parkwächter verschläft, kann ich am nächsten Morgen erst gegen 7.30 Uhr starten. Nun muss ich mich aber beeilen, denn ich bin um 8.00 Uhr an der tunesisch/libyschen Grenze verabredet, und es sind noch 80 km zu fahren. Unterwegs hole ich hastig mein Frühstück nach und tausche die übrig gebliebenen tunesischen in libysche Dinar.

Mit Tempo 160 rase ich in Richtung Grenze. Auf der tunesischen Seite werde ich eine Stunde lang grundlos festgehalten. Die Wartezeit nutze ich, um eine Fotografie von einem fünf mal zehn Meter großen Bild des libyschen Staatschefs Moammar Al-Gaddhafi zu machen. Da winkt mich ein libyscher Grenzer heran. Mir wird mulmig. Habe ich etwas Verbotenes getan? Werde ich vielleicht als Spion verhaftet, weil ich ein militärisches Objekt fotografiert habe? Die wildesten Geschichten, die ich über Libyen, seinen Diktator und die dortigen Verhältnisse gehört habe, schießen mir durch den Kopf. Ich befürchte, dass zumindest meine Kamera beschlagnahmt wird.

Aber nein! Der Grenzer fragt höflich, ob er sich meine neue Digitalkamera ansehen darf. Klar, kein Problem. Er habe ein solches Gerät bisher noch nicht in der Hand gehabt. Ich erkläre ihm die Kamera, er ist hocherfreut und winkt mich anschließend zur Abfertigung durch.

Kaum bin ich aus dem Sattel gestiegen, wird mir von einem seiner Kollegen Tee angeboten. Damit beginnen vier Wochen umwerfender arabischer Gastfreundschaft. Die Grenzabfertigung selbst gestaltet sich etwas schwierig, denn ich spreche kein Wort Arabisch und die Libyer nur schlechtes Englisch. Aber irgendwie verständigt man sich trotzdem.

Mein Gesicht erfüllt sich mit Freude, als ein junger Mann die Baracke betritt. Es ist mein polizeilicher Begleiter, den jeder Reisende in Libyen haben muss. Er nimmt die Formalitäten in die Hand. Nach einer Viertelstunde kommt er mit einem arabischen Nummernschild zur Tür heraus. Das muss ich für die nächsten vier Wochen über mein deutsches Kennzeichen hängen. Verständlich, denn so wenig wie ich die arabischen Schilder entschlüsseln kann, so wenig können die Libyer etwas mit unseren Nummernschildern anfangen.

Beim Anschrauben des Schildes sprechen mich drei Schweizer an. Sie sind mit einem Unimog und einem Landrover Defender unterwegs. Ich verspüre eine gewisse Erleichterung – endlich muss ich nicht mehr alleine reisen.

Wir bilden einen Konvoi und fahren Richtung Tripolis. Irgendwann kommt mein Motorrad urplötzlich ins Schlingern. Ich versuche zu bremsen, aber es geht nicht. Panik! Was tun?

Das Motorrad schwimmt. Hastig schalte ich in die niedrigeren Gänge zurück und ziehe aus Leibeskräften an der Handbremse. Gott sei Dank – endlich komme ich zum Stehen.

Was ist los? Die Diagnose: Meine Hinterradbremse löste sich und schlitze den kompletten Reifen in Sekundenschnelle auf, so dass die Luft schlagartig entwich. Zwar hupte der Unimogfahrer, um mich zu warnen. Wegen der Ohrstöpsel, die ich während der Fahrt trage, hörte ich jedoch nichts. Ich bin heilfroh, dass ich bei der Aktion nicht gestürzt bin. Offensichtlich hat mein Schutzengel gut aufgepasst. Noch vor zwei Stunden war ich mit Tempo 160 unterwegs. Jetzt, dem Konvoi sei Dank, nur mit 80 km/h. Was hätte alles passieren können ...?

Dummerweise können wir meine kaputte Maschine weder auf dem Unimog noch auf dem Landrover transportieren. Was tun? Weiterfahren oder eine Reparatur vor Ort sind nicht möglich. Wir halten also einen vorbeifahrenden Lkw an, der das Motorrad und mich bis nach Tripolis mitnimmt.

Tripolis, das annähernd 1,2 Millionen Einwohner zählt, hat eine lange Geschichte. Im 7. vorchristlichen Jahrhundert wurde es unter den Phöniziern gegründet und erhielt den Namen Oea. Tripolis ist erst seit 1963 die Hauptstadt des Landes. Vorher war es Bengasi.

In Tripolis finde ich sofort eine Reparaturwerkstatt. Der Besitzer ist ein grenzenloser Optimist. Er verspricht, dass er den Schaden rasch beheben wird, denn er kennt jemanden, der meine Reifengröße vorrätig hat. Das verwundert mich ziemlich, da ich bisher im ganzen Land noch kein mit der Africa Twin vergleichbares Motorrad gesehen habe. Aber man soll das Organisationsgeschick der Araber nicht unterschätzen.

Khaled, ein Fahrer vom Reisebüro, kommt zur Tür herein und bringt mich zu Suleyman Aboud, dem Chef des Reisebüros. Ich werde herzlich empfangen. Man stößt auf mich an und beruhigt mich: Alles wird gut.

Mit Khaleds Wagen brausen wir los. Zunächst zu Siggi, einem Deutschen, der in Libyen an einer riesigen Trinkwasser-Pipeline mitbaut. Bei dem Projekt soll Grundwasser aus der Wüste gepumpt und über Hunderte von Kilometern nach Tripolis und Bengasi geleitet werden. Berechnungen haben ergeben, dass der Bau von Meerwasserentsalzungsanlagen günstiger wäre, um den gleichen Wasserbedarf zu decken. Doch das Ganze ist ein Prestigeobjekt von Gaddhafi. Es ist bekannt, dass er nichts unversucht lässt, um seinen persönlichen Ruhm zu unterstreichen.

Nach der Visite halten wir Kurs auf Sabratha. Dort angekommen, treffe ich wieder auf die drei Schweizer, mit denen ich in einem Youth Hostel übernachte. An diesem Abend fällt es mir schwer einzuschlafen. Offensichtlich steckt mir dieser aufregende und ereignisreiche Tag tief in den Knochen. Ob mein Motorrad bald wieder in Ordnung kommen wird?

Tags darauf steht zunächst die Besichtigung der lokalen archäologischen Denkmäler auf dem Programm. Sabratha ist eine sehr alte Stadt, die im 7. Jahrhundert vor Christus von den Phöniziern gegründet wurde. Um 50 v. Chr. wurde sie von den Römern annektiert. Aus dieser Epoche stammen die sehr gut erhaltenen Ruinen des Theaters, des Isistempels und der Agora, eines kleinen Tempelchens.

Nach der morgendlichen Sightseeingtour fahre ich mit den Schweizern in das 70 Kilometer entfernte Tripolis zurück. Dort versuchen wir Suleyman telefonisch zu erreichen. Das gestaltet sich schwieriger als erwartet: Wir können einfach keinen öffentlichen Fernsprecher auftreiben. Fragen ist auch nicht möglich, da keiner von uns Arabisch spricht. Schließlich entdecken wir ein blaues Hinweisschild mit gelber Schrift. Der darauf abgebildete Telefonhörer weist uns den Weg zum Fernsprecher. Als wir das Geschäft erreichen, in dem der öffentliche Telefonanschluss untergebracht ist, ist es geschlossen. Wir müssen dreißig Minuten vor der Tür warten, bis endlich der Besitzer kommt. Tatsächlich erreichen wir dann Suleyman, der bald darauf mit seinem Wagen erscheint und mein Gepäck einlädt.

Eigentlich will ich an diesem Abend in der Jugendherberge von Tripolis übernachten. Die ist jedoch derart verdreckt und von Wanderarbeitern bevölkert, dass ich mich spontan für ein kleines Hotel in der Altstadt entscheide. Die Übernachtung kostet 10 libysche Dinar, ca. 5 Euro, und beinhaltet warmes Wasser und Seife. Welch ein Luxus.

Mein erster Weg am folgenden Morgen führt mich zur Motorradwerkstatt, wo die Twin aufgebockt steht. Tatsächlich ist das Hinterrad schon ausgebaut. Man gibt mir zu verstehen, dass ich gegen Abend wiederkommen soll. Dann sei alles in bester Ordnung. Ich nutze die Zeit und verkaufe mein altes Handy auf dem Basar. Leider erziele ich nur 30 Dinar, etwa 15 Euro, für das gute Stück. Auch die Araber wollen offensichtlich nur noch kleine und feine Handys haben.

Nach dem Handel schlendere ich weiter durch die schöne und abwechslungsreiche Altstadt. Vorbei an Kupferschmieden, die den Halbmond für die Kuppel einer Moschee schmieden, Fleischern, die gerade ein unbetäubtes Schaf schlachten und Händlern, die ihre pyramidenförmig aufgeschütteten, vielfarbigen Gewürze feilbieten. Auf dem zentralen Platz der Stadt sehe ich einen geschäftstüchtigen Fotografen vor einem blankpolierten Motorrad stehen. Er lichtet Menschen ab, die sich vor seine Maschine stellen. Vielleicht wäre das eine ganz nette Nebeneinnahme für mich.

Abends schaue ich bei der Werkstatt vorbei. Wie erwartet und befürchtet, ist die Reparatur nicht abgeschlossen. Anscheinend ist heute ohnehin nicht mein Glückstag, denn meine Bemühungen, in einem exklusiven Hotel per VISA-Karte Geld zu bekommen, verlaufen ebenfalls fruchtlos. »Nur für Gäste«, heißt es bedauernd. Bleibt nur das gute alte Bargeld.

Dennoch bin ich mit dem Tag ausgesöhnt, als ich zum Ausklang in meinem neuen Lieblingscafé am Ottomanen-Uhrenturm sitze, eine Wasserpfeife rauche und den Männern beim Backgammonspielen zuschaue. In dem ganzen Café befindet sich keine einzige Frau. Mir wird klar, wie stark islamistisch dieser Staat geprägt ist.

Am nächsten Tag, dem 11. Januar, besuche ich das berühmte Jamahiriya-Staatsmuseum, welches für seine historische Sammlung bekannt ist. Den Eintritt bezahlt mir ein einheimischer Führer, weil er die Deutschen so nett findet. Ich bin mal wieder überrascht und gerührt von der Gastfreundschaft der Libyer. Leider finden sich in den Ausstellungsräumen keine englischsprachigen Erläuterungen zu den Exponaten. Deshalb beende ich schon nach einer Stunde meinen Rundgang. Offensichtlich ist man nicht auf ausländische Touristen eingestellt – und das im größten Museum des Landes.

Nach der Kultur zieht es mich wieder in die Altstadt, die mit ihren verwinkelten, lebhaften Gassen und Geschäften einen besonderen Reiz auf mich ausübt. Die Gerüche aus den Garküchen sind verlockend und exotisch zugleich. Hier gelingt es mir endlich Geld zu tauschen. Damit will ich die Reparatur der Honda bezahlen. Der Bummel endet in meinem Lieblingscafé.

Kurz darauf kommt Khaled freudestrahlend zur Tür herein. Wir fahren zusammen zur Werkstatt. Und es geschehen wirklich noch Wunder: Das Motorrad ist fertig. Wir bringen es zu Suleymans Büro. Dort soll es für die nächsten zwei Wochen parken, da ich einen Abstecher in die Libysche Wüste plane. Das ist mit der Africa Twin leider nicht möglich. Denn ich muss immer einen polizeilichen Begleiter dabei haben. Aber zwei Leute sind zu viel für mein Motorrad, da die hinteren

Fußrasten fehlen, und ein Sozius wegen der Aluboxen ohnehin keinen Platz für seine Beine hätte.

So bin ich gezwungen, einen Fahrer mit Auto für 90 Dinar, ca. 45 Euro, am Tag zu buchen. Den kann ich entweder mit dem Motorrad begleiten, oder ich setze mich gleich zu ihm ins Auto. Die zweite Variante dürfte nicht nur die praktikablere sein, sie schont auch noch das Motorrad. Also entscheide ich mich für sie.

Früh morgens bringt mich ein Taxi in die Wüstenstadt Ghadames. Es ist ein merkwürdiges Gefühl, den ganzen Tag neben jemandem zu sitzen, mit dem man sich infolge der Sprachbarriere nicht unterhalten kann.

Eine halbe Stunde nach Abfahrt erreichen wir den Höhenzug des Jabal Nafusha. Die Straße windet sich in Serpentinen rasch in die Höhe. Leider gibt es auf dieser Strecke keinen Platz, der als Aussichtspunkt gekennzeichnet ist. Trotzdem halten wir mitten auf der Straße an und genießen einen spektakulären Blick auf die Libysche Wüste und die Millionenstadt Tripolis, bevor sich Lastwagen den Weg freihupen.

In der Berberstadt Gharyan legen wir eine kurze Rast ein. Irgendwie bin ich noch nicht richtig wach. Ich schütte zwei starke Tassen Kaffee in mich hinein, damit ich endlich munter werde. Dann geht es weiter nach Kabao.

Hier befindet sich ein Höhlendorf, das frei zugänglich ist. Ich bin erstaunt, dass solche Kulturschätze nicht besser bewahrt werden. Als einziger Tourist spaziere ich durch das Freilichtmuseum, was ein wenig gespenstisch anmutet. Wir fahren weiter nach Nalut, wo ein weiteres Höhlendorf auf uns wartet. Dieses ist deutlich besser erhalten, als alles andere, was ich vorher gesehen habe. Vermutlich ist die Anlage deshalb auch abgesperrt. Ein Wächter muss uns öffnen. Es fasziniert mich, wie einfach die Menschen hier gelebt haben.

Am Ende des Tages kommen wir in Ghadames an. Dort ist für heute Endstation. Der Fahrer schläft beim Auto, ich übernachte im Hotel »La Waw«, das für meine Verhältnisse sehr luxuriös ist. Mein Zimmer verfügt über ein eigenes Wannenbad, Fernseher, Telefon und sogar eine Heizung. Ein Traum, denn solch einen Komfort hatte ich zuletzt in Deutschland.

Am Abend lerne ich eine Gruppe Spanier kennen, denen ich in Libyen noch mehrfach über den Weg laufen werde. Die Pfade der Touristen scheinen immer dieselben zu sein. Auch mein Fahrer Jachjal gesellt sich zu uns. Er ist ein hochgewachsener schlanker Targi mit einem Osama-Bin-Laden-Bart. So wird er auch von seinen Freunden und Bekannten genannt. Er trägt einen Turban von sieben Meter Länge. Ich werde in den nächsten beiden Wochen seine Haare nie zu sehen bekommen, denn auch nachts nimmt er den Turban nicht ab. Jachjal ist ein echter Sohn der Wüste – ruhig, gelassen und durch nichts aus der Ruhe zu bringen.

Leider spricht er kein Wort Französisch und nur sehr gebrochen Italienisch, was mich enttäuscht, denn mir wurde ein französischsprachiger Führer versprochen.

Jachjal zeigt mir Ghadames. Die sagenumwobene Oasenstadt in der Libyschen Wüste gehört heute zum Weltkulturerbe der Unesco. Einst kreuzten sich hier fünf Karawanenwege. Reiche Großhändler kontrollierten von dort den Saharahandel. In den 1970er-Jahren wurden die Bewohner, die jetzt in der Neustadt leben, von der Regierung veranlasst, die labyrinthartige Lehmstadt zu verlassen, durch die ich nun streife.

Als einziger Mensch irre ich durch die Altstadt von Ghadames. Es ist schwierig, seinen Weg ohne Beschilderung zu finden, und zum Fragen ist keiner da. Wieder überkommt mich ein gespenstisches Gefühl. Es ist eine merkwürdige und unheimliche Angelegenheit, wenn man durch eine Stadt geht, in der kein Leben herrscht.

Nach dem Spaziergang gehe ich mit Jachjal Gemüse und Obst für unsere Wüstenexpedition einkaufen. Zu uns gesellt sich Achmed. Der kleine drahtige Mann aus dem Niger ist freundlich und redselig und erzählt mir viel über die Kultur der Tuareg. Zum Glück spricht er Französisch. Ich bin daher froh, dass er mit nach Idri fährt. Wir haben unterwegs viel Spaß. Die Strecke ist wenig spektakulär – überwiegend Geröll.

Unterwegs machen wir Rast in einem Wadi, einem kleinen Tal. Dort richten wir auch gleich unseren Schlafplatz ein, der aus einem kleinen Bambusmattenzäunchen besteht, das gegen den Wind schützen soll. In dieser Nacht, die wir unter freiem Himmel verbringen, schlafe ich kaum. Ich muss mich erst an das Schlafen ohne Zelt gewöhnen. Vorsorglich habe ich alle meine Sachen angezogen, da ich weiß, dass es nachts in der Wüste sehr kalt werden kann. Trotzdem friere ich fürchterlich. Kein Wunder, denn selbst unser Wasser ist am nächsten Morgen gefroren. Die Libysche Wüste erwärmt sich am Vormittag nur sehr langsam. Bis zum Mittag trage ich deshalb immer einen Pullover.

Die Reise durch die Hamada-Steinwüste tags darauf verschlafe ich fast komplett. Nicht weiter schlimm, da dieser Streckenabschnitt eine bis zum Horizont reichende flache Ebene darstellt. Kein Baum, kein Strauch, völlig reizlos und uninteressant. Jachjal erklärt mir, dass 80 Prozent des Landes so aussehen. Ich hatte mir unter einem Wüstenland eigentlich große gelbe Sanddünen vorgestellt. Unterwegs begegnen wir keinem einzigen Fahrzeug. Nur sechs Kamele kreuzen zufällig unseren Weg. Ansonsten sehen wir kein Lebewesen. Was würde wohl passieren, wenn wir hier eine Panne hätten oder überfallen würden?

Unser Nachtlager liegt heute am Beginn der Sandwüste Awbari. Endlich, nach der endlos anmutenden grauen Steinwüste der vergangenen Tage, kommen wir in die Sandregionen der

Sahara. Es macht viel mehr Spaß, mit dem Wagen durch den Sand zu surfen, als stundenlang über Steine zu brettern.

In dieser Nacht lasse ich mir eine zusätzliche Kamelhaardecke geben. Die ist zwar sehr schwer, und ich kann mich darunter kaum bewegen, aber sie wärmt ungemein. Wir entzünden ein Lagerfeuer. Ich erfreue mich an der Wärme des Feuers und dem Leuchten der Sterne, die am glasklaren Himmel funkeln. Ich habe noch nie in meinem ganzen Leben einen derartig schönen und klaren Sternenhimmel bestaunt.

Der Morgen fängt mit einem klassischen Fehlstart an. Gerade sind wir losgefahren, als fünf Minuten später alle vier Räder des Toyota Landcruisers im Sand feststecken. Wir versuchen unseren Wagen freizugraben. Aber so sehr wir uns auch bemühen – er bewegt sich nicht. Meine beiden Begleiter beschließen ruhig Blut zu bewahren. Erst wird mal Tee gekocht. Immer wieder versichern sie, dass wir schon freikommen werden. Sie behalten recht. Tatsächlich, nach drei Stunden harter Arbeit können wir weiterfahren.

Bei dieser Schufterei hätte ich mir beinahe den ersten Sonnenbrand meiner Reise geholt. Normalerweise habe ich mich bisher vor der Sonne in Acht genommen, bin zumeist im Schatten oder im Auto geblieben. Diesmal musste ich mit anpacken.

Nun jagen wir umso zügiger weiter Richtung Idri. Wir wollen den Ort noch vor der Dunkelheit erreichen. Dort übernachten wir im Haus eines Freundes, oder war es ein Verwandter von Jachjal? Anscheinend spielen in Libyen solche Feinheiten keine Rolle. Für mich ist allein wichtig, dass ich mal wieder duschen kann und ein Dach über dem Kopf habe.

Wir nehmen in der »guten Stube« Platz. In Libyen hat jedes größere Haus ein Besuchszimmer, welches vor der eigentlichen Wohnung liegt. So muss man als Gast die Wohnung gar nicht betreten. Das führt allerdings dazu, dass ich bei meinen diversen Besuchen nie die Frau des Hauses zu Gesicht bekomme. Wasserpfeife rauchen und Unterhaltungen bis spät in die Nacht ist auch hier reine Männersache.

Einen Tag später wird ein lang gehegter Traum wahr. Drei Stunden fahren wir durch eine gelbe Sandwüste. So habe ich es mir immer vorgestellt, ein Meer ganz in Gelb. Die Dünenhänge herauf und herunter, das ist ganz nach meinem Geschmack. Die Fahrt ist so rasant, dass ein Kleinkind, das in einem anderen Wagen unseres Konvois mitfährt, brechen muss. Für mich ist das Ganze ein riesiger Spaß, der mich für die vorherigen Strapazen restlos entschädigt. Von mir aus hätte es noch Tage so weitergehen können. Viel zu schnell erreichen wir Awbari.

Die Nacht verbringen wir in einem Privathaus. Meine Mitfahrer und ich schlafen zusammen in einem großen Raum, der ringsherum mit Matratzen ausgelegt ist. Dort gibt es einen Fernseher, der Euronews empfängt. So kann ich endlich mal wieder europäische Nachrichten sehen, die ich regelrecht in mich einsauge. Insbesondere der Austausch israelischer Gefangener gegen zweihundert Libanesen, den Außenminister Fischer vermittelt hat, interessiert die Einheimischen und mich. Die Deutschen werden anschließend als Freunde des libyschen Volkes gefeiert.

Der 17. Januar ist eine Überführungsetappe zum Waw el Namus. In Libyen versteht man unter einem Waw einen vulkanischen Krater. Die Fahrt wird ziemlich langweilig. Bemerkenswert an diesem Tag ist lediglich das Zusammentreffen mit drei Kanadierinnen an einer Tankstelle. Das ist erst die dritte Touristengruppe, die ich innerhalb von zwei Wochen zu sehen bekomme. Aufgrund der hohen Visumgebühren ist der Tourismus in dieser Region quasi zum Erliegen gekommen. Offensichtlich ist Libyen ein noch sehr weißer Fleck auf den Landkarten der internationalen Tourismuskonzerne.

Ich bin froh, dass ich mich mal wieder richtig austauschen kann. Ja, in den letzten Tagen ist es mir zunehmend auf die Nerven gegangen, wenn ich stumm daneben sitzen muss, während sich alle anderen auf Arabisch unterhalten. Nur wenn jemand zufällig etwas Französisch oder Englisch spricht, besteht die Möglichkeit zur Kommunikation.

Andererseits eröffnet mir die Zeit der »Sprachlosigkeit« die Möglichkeit, in Ruhe meinen Gedanken nachzugehen. Gedanken, die sonst zu kurz kommen. Alleine zu sein, heißt sich selbst zu entdecken. So frage ich mich in den letzten Tagen immer wieder, ob diese Reise die richtige Entscheidung war. Werde ich sie irgendwann bereuen und reumütig in die Sicherheit meines alten Lebens zurückkehren? Wer weiß.

An diesem Abend geht unser Wagen kaputt. Schnell ist ein Ersatzfahrzeug organisiert. Ich muss nun auf einen Pickup umsteigen.

Der 18. Januar ist mein Geburtstag. Niemand gratuliert mir. Ein eigenartiges Gefühl, aber es macht mich wieder um eine Erfahrung reicher. Man kann also auch am Geburtstag mutterseelenallein sein. Langsam wird mir klar, dass ich auf dieser Reise wohl sehr viele neue Erfahrungen sammeln werde, gute und schlechte. Eine Reise durch Afrika ist eben etwas, das man vermutlich nur einmal im Leben macht.

Die heutige Fahrt zum Waw el Namus, dem »Mückenkrater«, geht über die schlechteste Wellblechpiste, die ich in Afrika erlebe. Vorbei an einer kleinen Moschee und einem dazugehörigen Militärposten erreichen wir zunächst den Waw al Kebir, wo wir tanken. Ich finde es interessant, wie oft direkt neben einem Militärposten eine kleine Moschee aus Wellblech und alten Dosen zusammengezimmert wurde, und sei es auch am Ende der Welt. Glauben hat hier eine andere Bedeutung als bei uns. Irgendwie beneide ich diese Menschen darum, denn aus ihrem tiefen Gottvertrauen schöpfen sie viel Kraft. Wie oft höre ich beispielsweise die Redewendung: »So Gott will« auf Arabisch?

Kurz vor dem Waw el Namus befindet sich ein weiterer Militärposten. Hier werden wir mit Kaffee und einer besonderen Rarität, Dosenmilch, empfangen. Normalerweise gibt es in Libyen Milchpulver zum Kaffee. Außerdem backen die Soldaten extra für uns frisches Brot im Ofen. Es ist ein Hochgenuss, dieses noch warm und dampfend zu verspeisen.

Nach der Mahlzeit fahren die Rekruten mit mir zum Krater. Eine einmalige Schönheit liegt vor mir. Ein Krater von fünf Kilometer Durchmesser. Feiner schwarzer Sand. Vulkanischen Ursprungs. Mitten in der Wüste. Ich habe so etwas vorher noch nie gesehen.

Im Krater befinden sich drei Seen, die mit Schilf zuwuchern und von Mücken gesäumt sind. Ich bin erstaunt, einen Flamingo zu sehen, der hier anscheinend genügend Nahrung findet.

Unweit des Sees liegt ein kleiner Berg. Bei der Erklimmung treffe ich alte Freunde wieder, die Spanier. Ich will die Nacht bei ihnen verbringen, da ich unbedingt im Krater und nicht am Militärposten übernachten will. Der Abend ist sehr gesellig. Es gibt Bratkartoffeln, Schweizer Schokolade, spanischen Schinken und Rotwein – was für ein Geburtstagsmahl. Dies ist eine wirkliche kulinarische Unterbrechung des monotonen Einerleis von Makkaroni mit Tomatensoße oder Weißbrot mit Thunfisch und Zwiebeln.

Früh am Morgen stehe ich auf. Wir quälen uns die Kraterwand hoch. Bei dem vielen feinkörnigen Sand heißt das, zwei Schritte vor, einen zurück. Am Kraterrand angekommen, werden wir für die Anstrengung belohnt: Wir genießen wunderschöne Ausblicke in den Krater und in die Weite der Wüste. Bis Mittag schlendern wir vor uns hin. Obwohl ich den Krater erst halb umrundet habe, muss ich meinen Marsch abbrechen.

Mein Fahrer wartet ungeduldig auf mich. Um ehrlich zu sein: Dieser Morgenspaziergang im unausgeschlafenen Zustand reicht mir auch vollkommen.

Jachjal hat einen Bekannten im Schlepptau. Er heißt, wie kann es anders sein, Achmed. Ich nenne ihn Achmed den Zweiten oder wahlweise Michael Jackson der Wüste, weil er uns abends immer mit seiner Tuareg-Laute unterhält.

Für die Strecke von Timi Sah nach Idhan (Sandwüste) Murzuq, die wir am nächsten Tag bewältigen wollen, hat Jachjal 325 Kilometer berechnet. Zu meiner Freude führen diese zum Großteil durch den Wüstensand. Unterwegs haben wir Reifenprobleme. Viermal müssen wir an diesem Tag die Reifen wechseln. Daher wird es heute einen neuen Reifen geben. Unterwegs, in Zuwaylah, wollte ich mir die Königsgräber aus der Garamentenzeit ansehen. Leider sind sie geschlossen. Aber ich habe Glück und kann einen vielsagenden Blick durch die Absperrgitter erhaschen.

In Murzuq, das auf unserem Weg liegt, steht eine kleine Festung, die auf den libyschen Dinarscheinen abgebildet ist. Natürlich hat dieses Bauwerk ebenfalls nicht geöffnet. Ich habe den Eindruck, manche Sehenswürdigkeiten in Libyen kann man nur mit vorheriger Anmeldung besichtigen. So geht es schnell weiter nach Tesawa. Hier können wir endlich einen neuen Reifen kaufen. Als wir wieder unterwegs sind, biegt Jachjal unvermittelt von der Straße ab und sagt, dass wir jetzt eine Abkürzung nehmen, um Zeit zu gewinnen. Er fährt vorbei am Wadi Borjug, einem landwirtschaftlichen Vorzeigebetrieb, wo bewässerte Felder zu erkennen sind. Hier gedeiht unter anderem Gerste.

Unser Nachtquartier liegt heute in einem Meer von Dünen. Ein Lagerfeuer lodert. Wir bereiten unsere Mahlzeit gemeinsam zu und essen dann zusammen aus einer Schale. Jachjal und

Achmed nehmen immer Harissa als Gewürz, eine Chilipaste, die für mich deutlich zu scharf ist. So müssen wir aufpassen, dass wir unsere Makkaroni in der großen Schale nicht zu sehr durcheinander würfeln.

Nach dem Frühstück am nächsten Morgen geht es weiter nach Mathandousch, das für seine prähistorischen Felsmalereien und Gravuren berühmt ist. Ich bin erstaunt, dass diese nach 10.000 Jahren noch so gut erhalten sind.
　Wenig später bricht ein Sandsturm über uns herein. Es ist schon eine interessante Angelegenheit, durch diesen Sturm zu navigieren. Der Sand peitscht gegen unseren Wagen, wir sitzen geschützt im Inneren. Unterwegs machen wir einen kurzen Stopp, um Öl auf die Motorhaube zu gießen. Das dient zum Schutz gegen Farbabreibungen durch den Sand. Ein Sandsturm wirkt auf den Lack nämlich wie ein Sandstrahlgerät. Natürlich sieht die Motorhaube nach dieser Behandlung aus wie die Sau, aber es hilft. Sand klebt am Öl und bildet eine Schutzschicht.
　Bedingt durch den Sandsturm fällt das Abendessen aus. Als wir anhalten, kauere ich mich sofort unter meine Decke und bleibe dort vierzehn Stunden lang liegen. Bis dahin hat sich der Sandsturm ausgetobt.

Unsere Fahrt geht nun in Richtung Akakusgebirge. Ab und zu weht uns noch eine Bö Sand um die Nase. Wir durchqueren den Idhan Murzuq. Dann wird es mal wieder Zeit für einen dieser Pausenstopps mitten auf der Strecke. Der »Schai«, der Tee, ist den Arabern eben wichtig. Das kann ich mit meiner europäischen Ungeduld nicht verstehen. Es gibt Tee mit unzähligen Löffeln Zucker.
　Am Nachmittag erreichen wir das Akakus, das wegen seiner bizarren Steinformationen und -bögen, die von der Natur und vom Wind geformt wurden, berühmt ist. In der Nähe eines

zehn Meter hohen Steinbogens beziehen wir Quartier.

Jachjal und Achmed gehen zu einer Gruppe, die unweit von uns campiert. Dort machen sie süßlich klingende Musik, die ich aus der Ferne mithören kann. Ich habe ein mulmiges Gefühl im Bauch. Wenige Kilometer von hier wurden vor einem halben Jahr zehn deutsche Touristen entführt. Jetzt liege ich hier allein, Achmet und Jachjal sind einen Kilometer entfernt ...

Die Terroristen sind über Nacht ruhig geblieben. Unsere Reise kann weiter in das Zentralakakus gehen, wo es viele prähistorische Zeichnungen zu bewundern gibt. Am Ende sind mir all diese Malereien fast schon zu viel. Die Darstellungen verfolgen mich bis in die Träume.

Mittags machen wir in einem kleinen Canyon Rast. Es gibt »Semeta«, eine Mehlspeise, die mit Öl und Zucker angerührt wird. Unsere Lebensmittelvorräte sind sehr knapp bemessen. Ich bin immer wieder erstaunt, wie es Jachjal schafft, bei anderen Reisenden Lebensmittel und Zigaretten zu schnorren und somit unsere Versorgung zu sichern. Außerdem finde ich es bemerkenswert, wie wenig mein Reisegefährte isst. Dafür raucht er umso mehr.

Nachdem wir weitere Höhlenzeichnungen besichtigt haben, treffen wir auf ein paar Franzosen. Ich freue mich, dass ich mich endlich mal wieder normal unterhalten kann. Das ist eines der größten Mankos dieser Wüstentour: der Mangel an Gesprächspartnern und Unterhaltung. Sie wäre noch schöner, wenn ich einen Reiseführer hätte, der meiner Sprache mächtig wäre und mir die kulturellen Schätze dementsprechend erklären könnte.

Am Abend suchen wir die Franzosen im Wadi Anonis vergeblich. Dafür findet Jachjal eine Gruppe mit Touristen, die überwiegend im fortgeschrittenen Alter sind. Wir kochen eine sehr leckere Kartoffelsuppe. Trotzdem stochern Jachjal und

Achmed nur im Essen herum. Warum wohl? Wahrscheinlich ahnen sie schon, dass es gleich etwas Besseres geben wird. Und tatsächlich: Kaum haben wir uns gesetzt, servieren uns die alten Leutchen eine Platte mit Pommes Frites, Reis und Fleisch.

Überhaupt wirkt deren Campküche wie der Garten Eden auf uns. Ich bekomme eine Dose Cola geschenkt, was ich sehr nett finde. In der Wüste bin ich bescheiden geworden.

Bei den Alten treffe ich endlich einen Fremdenführer, der wirklich gut die englische Sprache beherrscht. Was für eine Wohltat, wir unterhalten uns angeregt. Er, der vom Stamm der Tuareg ist, erklärt mir die Formationen am Sternenhimmel. Währenddessen machen einige seiner Stammesbrüder Musik auf einer Laute und singen orientalisch dazu.

Die Nacht ist fortgeschritten. Wir verabschieden uns. Jachjal findet den Weg zurück zu unserem Lagerplatz, der durch die stockdunkle Nacht führt, schnell und geschickt. Die Tuareg haben einen Orientierungssinn, über den wir Europäer nur staunen können. Auf der ganzen Tour hat Jachjal kein GPS benutzt.

Erfrischt wache ich am nächsten Morgen auf, gerade als die Sonne aufgeht. Achmed ist schon wach. Er steht immer als Erster auf, um die Zeit zum Beten zu nutzen. Er ist streng gläubig und betet fünfmal täglich in Richtung Mekka. Manchmal halten wir extra für ihn an, damit er seinem Gebet nachkommen kann.

Heute ist Jachjal der Letzte, der sich aus den Decken schält. Nach dem Frühstück fahren wir nur eine kurze Distanz, um dann eine zweistündige Wanderung durch das nördliche Akakus zu unternehmen. Auf dem Marsch lasse ich meinen Gedanken freien Lauf. Mit Jachjal und Achmed kann ich mich leider nicht unterhalten, um ihnen meine Eindrücke und Gefühle in dieser Wüstenlandschaft zu vermitteln. Die allgemeine Monotonie dieses Vormittages setzt sich beim Mittagessen fort. Schon wieder gibt es Nudeln mit Tomatensoße, als kleines Extra etwas Fleisch, unsere »Beute« vom Vorabend. Ich verzichte auf mein Stück und schenke es meinen Mitreisenden. Ich will ihnen etwas Gutes tun, da ich weiß, dass sie nicht so häufig in diesen Genuss kommen. Fleisch ist in Libyen sehr teuer. Nach dieser Geste macht sich eine große innere Zufriedenheit in meiner Seele breit. Verzicht kann sehr schön sein.

Anschließend geht unsere Fahrt weiter zu unserem Nachtquartier, das wir in der Nähe eines großen Felsendaumens errichten, der den klangvollen Namen »Addat« trägt. Da es noch recht früh am Abend ist, kann ich den herrlichen Sonnenuntergang in vollen Zügen genießen. Die Gelb- und Rottöne der Sonne werden vom Sand reflektiert. Lange lese ich in Nelson Mandelas Buch »Der lange Weg zur Freiheit«. So lange, bis mir viel Rauch und roher Knoblauch in den Augen brennen. Das Abendessen ist fertig.

Die Kühle des nächsten Morgens wird zu einem Spaziergang zum Addat genutzt. Dort zeigt mir Jachjal Steinritzereien mit pornographischen Darstellungen. In der Kunst der letzten 10.000 Jahre hat sich offensichtlich wenig geändert. Dann geht es weiter zur Oase Al Awaynet.

Nun stehe ich vor der Entscheidung, ob ich noch nach Ghat oder direkt nach Awbari fahre. Da Ghat einen Umweg nicht rechtfertigt, entscheide ich mich für die Berbersiedlung Awbari. Stolz zeigt mir Jachjal seinen eigenen kleinen Palmengarten. Hier möchte er sich im Alter sesshaft machen und Datteln verkaufen. Abends beziehen wir Quartier vor den Toren der Stadt.

Die Vormittage neigen dazu, vertrödelt zu werden. Ich bin schon ganz unruhig, als wir endlich aufbrechen. Es geht in Richtung Germa. Bei einem Zwischenstopp in Haita wollen wir die frei zugänglichen alten Gräber ansehen. Sie sind schnell vom Straßenrand ausgemacht und nicht so spektakulär wie erwartet. Es ist schon merkwürdig: In Libyen sind die meisten Sehenswürdigkeiten entweder geschlossen oder gar nicht bewacht.

Von den Ruinen von Alt-Germa bin ich enttäuscht. Lediglich ein paar verfallene Lehmhütten erinnern an den einstigen Glanz dieser glorreichen Ansiedlung. Nach dem Kulturprogramm halten wir Kurs auf den Idhan Awbari und schlagen dort unser Lager auf.

Am nächsten Morgen bitte ich Jachjal, mich nach kurzer Fahrt aussteigen zu lassen. Ich möchte den Mandarasee zu Fuß erreichen, ganz wie früher die Wüstenkarawanen. Von dem See heißt es, er sei so schön, wie ein Märchen aus Tausendundeinernacht. Was nicht übertrieben ist, denn der Blick von der Wüstendüne auf das blaue Wasser hinab ist einfach sensationell.

Dann eile ich weiter zum Um el Mar, zum schönsten See Libyens. An diesem Tag bin ich dort der einzige Tourist. Ich sitze den ganzen Nachmittag auf einer Düne und starre auf das Wasser. Dieser See wird von einer unterirdischen Quelle gespeist und hat eine helle Farbe. Wir schlagen unser Nachtlager oberhalb des Wassers auf. Ich entschlafe beim Knistern des Feuers und den Klängen einer Tuareg-Laute.

Unsere Reise führt weiter durch ein Meer von Dünen. Schließlich sehe ich von einem Dünenkamm aus den Mafru- und den Gabronsee. Ich entschließe mich, zu Fuß durch die Dünen zu gleiten. In Mafru, einer kleinen Ansiedlung am See, bekomme ich ein wohlverdientes Mittagessen.

Nachmittags spaziere ich zum nahen Gabronsee, den ich schnell umwandere. Dabei beobachte ich Frauen beim Fischfang, die über meine Anwesenheit nicht erfreut sind und mich daher verscheuchen. An einer Seeseite befindet sich eine sehr steile Dünenwand. Wie mir glaubhaft berichtet wird, gibt es waghalsige Besucher, die diese mit Skiern herabfahren. Ich ziehe es vor, den herrlichen Sonnenuntergang am See zu genießen.

Von Gabron zurück nach Awbari sind es nur 70 Kilometer. Es ist komisch. Heute geht meine Wüstenreise zu Ende. Einerseits bin ich froh wieder mein eigener Herr zu sein und mit Menschen sprechen zu können. Andererseits werde ich das abendliche Lagerfeuer, Jachjal, die beiden Achmeds und die Wüste mit all ihren Facetten bestimmt vermissen.

An Bord einer ausgemusterten kirgisischen Maschine vom Typ Yak 40 trete ich den Rückflug nach Tripolis an. Aus den Lautsprechern erklingt arabische Heul- und Dudelmusik. Schwer erträglich. Endlich erbarmt sich ein Fluggast und gibt dem Steward eine Musikkassette. Jetzt schallt Modern Talking aus den Boxen. Was ist schlimmer?

Suleyman wartet lachend am Flughafen und fährt mich zum Motorrad. Doch die Twin springt nicht an. Wir versuchen es einige Male, auch mit speziellen Tricks. Aber die Maschine gibt keinen Ton von sich. Schließlich vertagen wir unsere Bemühungen auf den nächsten Tag. Am Benzin und an der Batterie liegt es nicht, mehr kann ich nicht feststellen. Ich ärgere mich, dass ich so wenig technisches Verständnis habe und mir selbst nicht weiterhelfen kann. Vor meiner nächsten Reise muss ich unbedingt einen Reparaturkurs besuchen.

Am Vormittag darauf suche ich die Motorradwerkstatt auf und schildere meine Schwierigkeiten. Der Gehilfe des Chefs fährt mit mir zurück zur Honda. Doch auch er kann das Problem nicht lösen. So laden wir die Maschine auf den Pickup und schaffen sie zur Werkstatt.

Während die Crew auf Fehlersuche geht, versuche ich ein Päckchen nach Deutschland zu versenden. Ich habe in der

Wüste einen bestickten Schlafanzug geschenkt bekommen, den ich auf der Reise nicht gebrauchen kann. Aber ich habe kein Glück. Wegen eines nahenden Feiertages hat fast alles geschlossen. In Kürze wird »Aid-Aladhaa« gefeiert, das islamische Opferfest. Dabei werden Schafe geschlachtet in Gedenken an die Tat von Abraham, der anstelle seines Sohnes Isaac ein Schaf opferte. Als ich dann schließlich ein offenes Postamt finde, soll die Beförderung 60 Euro kosten – das ist mein Wochenbudget! Also heute gibt es kein Päckchen in die Heimat.

Meine Stimmung steigt erst wieder, als ich zur Werkstatt zurückkehre und sehe, dass das Motorrad wieder läuft. Klasse! Fast eine Stunde lang brauche ich für das Aufladen und Verzurren des Gepäcks. Dann schwebe ich fast auf Wolken, als ich endlich die Küstenstraße in Richtung Osten unter die Räder nehmen kann.

Die Ausgrabungen von Leptis Magna, der wichtigsten antiken Stadt nach Karthago in Nordafrika, finde ich nur durch ein buntes Hinweisschild. Arabische Schilder kann ich ja nicht lesen. Meine Orientierung richtet sich ausschließlich nach den Kilometerzahlen auf den Straßenschildern.

Natürlich sind die Ausgrabungen so spät am Abend schon geschlossen. Einen Besuch muss ich auf morgen vertagen. Dafür lerne ich Abdel kennen. Der Student stammt aus einer gebildeten Familie, spricht sehr gut Englisch und freut sich, mit Ausländern Freundschaft schließen zu können. Zuerst bin ich etwas unwirsch zu ihm. Habe den Verdacht, er sei einer von den üblichen Fremdenführern, die sich für gewöhnlich vor solchen Attraktionen tummeln. Doch er beruhigt mich. Nein, er möchte wirklich nur Freundschaft schließen. Abdel ist überaus freundlich und zeigt mir andere Ruinen, die außerhalb von Leptis Magna liegen.

Danach versuchen wir erneut, mein Päckchen loszuwerden. Das gelingt wegen der anhaltenden Feiertagsvorbereitungen leider nicht. Überall in der Stadt stehen Schafe, die an den Hauswänden festgebunden sind und morgen früh geschlachtet werden. Es quäkt und jault erbärmlich! Schließlich lädt mich Abdel zum Essen bei seinen Eltern ein. Der Abend endet mit einem Besuch in der Kneipe, die seinem Bruder gehört. So lerne ich in kürzester Zeit die ganze Familie kennen.

Die frühmorgendliche Fahrt mit dem Motorrad durch die menschenleeren Straßen erregt in mir ein wahnsinniges Gefühl von Freiheit und Abenteuer. Ich fahre nämlich ohne Helm.

Das Ausgrabungsgelände von Leptis Magna darf ich umsonst betreten, denn heute ist »Aid«. Zwei Stunden lang gehe ich alleine umher. Bis auf ein französisches Ehepaar bin ich der einzige Gast. Leider ist das dazugehörige Museum wegen des Feiertages geschlossen. Schade, denn gerne hätte ich mehr über diese »versunkene« Stadt erfahren.

Zurück am Motorrad, lerne ich den Besitzer des Campingplatzes kennen, der sich in unmittelbarer Nähe der Ruinen befindet. Er bietet mir gebratenes Fleisch an. Heute werden die Schafe geschlachtet. Nach islamischem Brauch wird das Fleisch unter den Menschen aufgeteilt. Es scheint, als ob in ganz Libyen gegrillt wird.

Nach diesem Intermezzo tanke ich die Honda voll. Eine Tankfüllung kostet hier weniger als fünf Euro, die niedrigsten Spritpreise der Erde. Hier macht das Tanken noch Spaß.

Jetzt aber schnell, denn ich bin mit Abdel verabredet. Er ist pünktlich, was mich überrascht. Gemeinsam holen wir ein paar Freunde von Abdel ab und trinken arabischen Kaffee.

Nach dieser orientalischen Mußestunde fahren wir zu einer hügeligen Landschaft in der Nähe der Küste. Dort machen wir ein Picknick. Abdel und ich schlendern zu einer einsamen, romantischen Bucht. Leider wird diese Idylle nicht mehr lange existieren, denn ein Schweizer Hotelkonzern hat das Gelände bereits gekauft. Die 1.800 Kilometer lange libysche Küste ist ein Taucherparadies, das noch weitestgehend unerschlossen ist. Und daher gute Gewinne verspricht.

Nach der Rückkehr essen wir drei Stunden lang »Kebab« vom frisch geschlachteten Schaf. Ein Spieß nach dem anderen wandert auf den Grill, bis eine ganze Schafskeule verspeist ist.

Die Atmosphäre, verbunden mit der morgenländischen Gastfreundschaft und Herzlichkeit, ist phantastisch. Dieser Tag wird mir noch lange in Erinnerung bleiben.

Ich bin gerührt. Das hier entschädigt mich für einigen Frust, der die Reise bisher begleitet hat.

Heute ist der 1. Februar, und die längste Fahretappe meiner ganzen Afrikareise steht auf dem Programm. 940 Kilometer. Kein Wunder, dass ich bereits vor Morgendämmerung aufstehe. Kaum aufgebrochen, fahre ich beinahe einen unbeleuchteten Polizeiposten um. Der Polizist kann gerade noch im letzten Moment zur Seite springen und so sein Leben retten.

Es ist eiskalt, unter null Grad. Erst nach zwei Stunden Fahrt geht die Sonne über der Bucht von Syrte auf. Ich kann förmlich spüren, wie es in mir wärmer wird. Wie sehr sehne ich mich jetzt nach einem heißen Kaffee, der im Augenblick aber nicht zu bekommen ist.

Die Strecke ist ziemlich öde, keine Versorgungsstation weit und breit. Kurz hinter Syrte lege ich den ersten Tankstopp ein. Hier bekomme ich auch meinen wohlverdienten Kaffee. Dabei lasse ich in der Tankstelle meine Handschuhe liegen. Als ich es bemerke und zurückgehe, ist die Tür plötzlich geschlossen. Es ist schwierig den Menschen verständlich zu machen, was ich will. Doch plötzlich: Sesam öffne dich, die Tür geht auf, und ich bekomme meine Handschuhe zurück.

Bei der Durchquerung der Ortschaft Ben Jawad habe ich plötzlich einen Platten. Ich bin wirklich ein Glückspilz: Meine

Panne passiert direkt in einer Ortschaft und nicht in der freien Wildbahn. Die nächste Ortschaft ist 100 Kilometer entfernt. Die Menschen von Ben Jawad überschlagen sich vor Hilfsbereitschaft. Nachdem ich mein Hinterrad ausgebaut habe, bringen sie mich mit einem Auto zu einem Reifendienst. Dort bekomme ich erst mal einen Tee eingeschenkt. Ich rede ein wenig mit dem Eigentümer der Werkstatt, währenddessen kümmern sich seine fleißigen Helfer um mein Hinterrad. Die Reparatur bekomme ich geschenkt, wundersamer und bezaubernder Orient!

Auf der Weiterreise nerven die ständigen Polizeikontrollen. Als Motorradfahrer stellt man in diesem Land offensichtlich eine Sensation dar. So werde ich permanent angehalten, nur damit man in Ruhe meine Maschine bestaunen kann.

Kurz vor Ajdabiya komme ich in einen heftigen Regenschauer. Das ist der erste richtige Regen seit ich Europa verlassen habe. Ich flüchte unter ein Tankstellendach. Als das Schlimmste vorbei ist, geht es weiter in Richtung Bengasi. Auf dieser Strecke sehe ich, wie ein großes und ein kleines Kamel auf der Ladefläche eines Pickup transportiert werden. Das sieht wirklich niedlich aus. Ich lasse mich mehrfach überholen, um das Ensemble einzufangen. Ich kann mich daran nicht satt sehen. Der Fahrer des Pickup lacht herzlich, als ich den Gashahn aufdrehe und entschwinde.

Das im Nordosten von Libyen gelegene Bengasi, ist die zweitgrößte Stadt des Landes. Mit etwa 650.000 Einwohnern stellt sie das wirtschaftliche und politische Zentrum der Cyrenaika dar. Unter dem Namen Hesperides wurde die Ansiedlung im 7. Jahrhundert vor Christus von den Griechen gegründet. 1986 wurde Bengasi von der US-Luftwaffe bombardiert. Washington vermutete, das Gaddhafi terroristische Aktivitäten unterstütze.

Endlich in Bengasi, dem Ziel meiner Mammutetappe, angekommen, kümmert sich Matheus reizend um mich. Den sportlichen Maschinenbaustudenten treffe ich am Straßenrand, frage ihn nach dem Weg zum Hotel, und wir werden gleich Freunde. Erst bringt er mich zum Hotel. Danach lädt er mich zum Abendessen ein. Seine Mutter kocht für uns. Es gibt eine Vielzahl arabischer Speisen wie Humus, Kebab und Linsensuppe. Alles kann man natürlich nicht aufessen, denn davon könnte eine mehrköpfige Familie satt werden. Todmüde und erschöpft falle ich schließlich in mein Bett. Es war ein langer Tag und eine ebenso lange Fahrt.

Shahat ist das Ziel des nächsten Tages. Zunächst fahre ich auf der schönen Küstenstraße bis Al Marj. Die Gegend ist satt grün und mit viel Landwirtschaft gesegnet. Unweit der Küste erhebt sich ein kleines Gebirge, welches die Region so fruchtbar macht. Ich frage einige Soldaten nach dem Weg zum antiken Ptolemais. Über eine kurvige Landstraße erreiche ich die Ruinenstadt, in der sich nur wenige Touristen bewegen.

Ptolemais ist eine griechische Gründung aus dem 3. Jahrhundert vor Christus. Während der römischen Besatzungszeit wurde es zu einem Verwaltungsmittelpunkt. Schließlich, unter den Byzantinern, Hauptverwaltungssitz der Cyrenaika. Ich spaziere durch das Gelände und schaue mir die ehrwürdigen Reste des griechischen Theaters und Palastes, des römischen Amphitheaters, einer byzantinischen Kirche, Festungsanlagen, Grabkammern und einen Triumphbogen an.

Nach der Besichtigung geht die Fahrt weiter nach Shahat, dem antiken Cyrene, dessen Reste ich nur 30 Minuten lang besichtige. Hier wird die Altehrwürdigkeit von ordinären Kuhfladen überdeckt, die in den Ruinen vor sich hinstinken. Ich bin erstaunt, was für schöne Mosaiken hier im Freien liegen und dass die Kühe ihre Notdurft darauf verrichten dürfen. Als ich nach meiner Besichtigungstour zurückkehre, stelle ich fest, dass ich meinen Zündschlüssel stecken gelassen habe. Naja, in Libyen nicht so schlimm. Hier wird nicht geklaut.

Verzweifelt suche ich nach einer Herberge. Die arabischen Schilder machen mir mal wieder zu schaffen. Ein freundlicher Mann mit zerbeultem Wagen hält an. Er sieht meine Unbeholfenheit und bringt mich zur Jugendherberge. Um meinen durchgefrorenen Körper aufzuwärmen, bestelle ich einen Kaffee mit Milch. Der Kellner sagt, Kaffee habe er, aber leider keine Milch. Das hört mein Helfer und fährt in den Ort, um Dosenmilch zu kaufen. Als ich die Dose bezahlen will, winkt mein Helfer ab. Geschenk an den Gast aus fernen Landen.

Um meinem Körper wieder Lebenskraft einzuhauchen, buche ich für den Abend eine Sauna bei Bob Sam. Er ist Student, tritt aber wie ein jung-dynamischer Geschäftsmann auf. Wie er mir verrät, würde er später gerne Mercedes nach Libyen importieren. Zuerst fahren Bob Sam und ich auf der Twin ins Stadtzentrum und bleiben unterwegs mit leerem Tank liegen, weil dieser keine Reserve besitzt. Ein Professor kommt vorbei und hilft. Er holt fünf Liter Sprit von der nächsten Tankstelle. Ich bedanke mich herzlich.

Im Zentrum der kleinen Stadt fahren wir an einem Fotoladen vorbei. Der Besitzer winkt uns heran. »Bitte stehen Sie Modell für mich. Ich brauche eine neue Schaufensterdekoration.« Gesagt, getan. Ich bitte ihn, mir einen Abzug von dem Bild zu schicken. Der wird tatsächlich ankommen, wenn auch mit einjähriger Verspätung.

Auf dem Rückweg fordert mich der Geschwindigkeitsfanatiker Bob Sam zu immer schnelleren Fahrleistungen auf. »Go fast, go fast!« Ich komme mir vor wie ein Reitpferd, das von seinem Jockey zu immer höherem Tempo angetrieben wird. Ein wenig mulmig ist mir schon dabei. Es ist windig und finstere Nacht. Ich kenne die Strecke kaum, und er sitzt bei Tempo 130 ohne Helm hinten drauf.

Am nächsten Tag bin ich traurig, dass ich Bob Sam verlassen muss. Aber da wartet schon mein Freund mit dem zerbeulten Auto auf mich, um mir den Weg nach Apollonia zu zeigen. Apollonia, das im 7. Jahrhundert vor Christus als Hafenstadt von Cyrene gegründet wurde, handle ich recht schnell ab. Die Ruinen, die überwiegend aus der byzantinischen Zeit der Ansiedlung stammen, können mich im Augenblick nicht begeistern. Vermutlich bin ich durch das reiche archäologische Angebot Nordafrikas kulturell übersättigt.

Weiter geht es entlang der traumhaft schönen Küstenstraße nach Darnah. Hier schlagen die Wellen mit voller Gewalt gegen das Ufer und erzeugen eine beeindruckende Gischt.

Die Mittagspause verbringe ich in Tobruk. Im 2. Weltkrieg war der Ort, der damals etwa 2.000 Einwohner zählte, heiß umkämpft. Denn der dortige Tiefseehafen war von großer strategischer Bedeutung. Mit Tobruk ist der Name des deutschen Generals Erwin Rommel, des legendären »Wüstenfuchses«, und seines Afrikakorps eng verbunden. Rommel eroberte die von den Alliierten zäh verteidigte Stadt am 21. Juni 1942. Dabei machten seine Truppen viele Gefangene und reiche Beute. Für diese militärische Leistung wurde Rommel von Hitler zum Generalfeldmarschall ernannt. Soldatenfriedhöfe künden noch heute von diesem blutigen Kapitel nordafrikanischer Geschichte.

Ich kehre Tobruk den Rücken zu und schwenke ein in Richtung ägyptische Grenze. Auf libyscher Seite sind die Grenzformalitäten rasch erledigt. Aber die Ägypter machen Schwierigkeiten. Sie wollen mir kein Visum erteilen, da ich keine 15 US-Dollar in bar habe. Nach einigen Diskussionen und dem Argument, in Libyen wäre das nicht passiert, tauscht der Zöllner mir endlich Geld. Danach spendiert er mir, vermutlich aus schlechtem Gewissen, noch eine Cola. Vier Stunden später reise ich endlich nach Ägypten ein.

Kapitel 4

# Ägypten – auf den Spuren der Pharaonen

Ägypten erwartet mich mit einer bösen Überraschung: Die Gastfreundschaft ist im Vergleich zu Libyen erschreckend schlecht. Offensichtlich hat der Massentourismus die guten Sitten und Gebräuche am Nil verdorben. Denn gleich im ersten Hotel bekomme ich Stress. Ich habe ein Hotelzimmer mit Frühstück gebucht. Weil ich zum Frühstück einen Saft serviert bekomme, ist eine saftige Nachzahlung fällig. Es wird offensichtlich, dass dies ein Trick ist, um Touristen zu neppen. Da ich mich nicht darauf einlasse und laut protestiere, wird das Ganze schließlich als bedauerliches Missverständnis dargestellt. Trotzdem bin ich froh, als ich diese ungastliche Stätte verlassen kann.

Nach 250 Kilometer Strecke mache ich Pause an einer Tankstelle. Dort tanke ich erstmals 90-Oktan-Benzin. Dabei ist mir nicht wohl zumute. Wird das dem Motor auf Dauer schaden?

Auf einer lang gezogenen Wüstenstraße erreiche ich El Alamein. Italienische und deutsche Soldatenfriedhöfe künden davon, dass hier während des 2. Weltkrieges eine furchtbare Schlacht tobte. Dort, in fast schon greifbarer Nähe des Suezkanals, stoppten die Engländer den Vormarsch des Deutschen Afrikakorps unter Generalfeldmarschall Erwin Rommel. Das Museum, das an diese schrecklichen Kämpfe erinnert, ist geschlossen. So besichtige ich lediglich das Außengelände mit seinen Panzern und Kanonen aller Kaliber.

Bei der letzten Etappe nach Alexandria reiht sich am linken Straßenrand für ca. 50 Kilometer eine Feriensiedlung an die nächste. Hier verbringen viele wohlhabende Ägypter die Sommermonate. Sie fliehen mit der ganzen Familie an die kühlere Mittelmeerküste, wenn die Innenstädte unerträglich heiß werden.

Pünktlich zum Sonnenuntergang erreiche ich die Hafenstadt Alexandria. Schon um 2500 v. Chr. war die Region von Menschen bewohnt. Die Stadt Alexandria ließ Alexander der Große im April 331 v. Chr. gründen. Hier am Nildelta sollte die Hauptstadt seines Weltreiches entstehen. Wo er zu Lebzeiten nie weilte, wurde er in einem Mausoleum bestattet.

Sein ägyptisches Erbe trat einer seiner Generäle, Ptolemeios, an. Nach ihm ist das Herrschergeschlecht der Ptolemäer benannt. Diese bauten die Stadt, die in der Antike zeitweilig die zweitgrößte der Erde war, zielstrebig aus. Der »Pharos von Alexandria«, eine Art Leuchtturm, zählte zu den sieben Weltwundern der Antike. Er wurde im 3. Jhr. v. Chr. erbaut. Weltberühmt war auch die große Bibliothek, die etwa 700.000 Schriftstücke besaß. Sie wurde durch einen Brand zerstört.

Im Jahr 30 v. Chr. eroberten die Römer Alexandria und Ägypten. Gleichzeitig beging Cleopatra, die letzte Herrscherin aus dem Geschlecht der Ptolemäer, Selbstmord.

Nach Jahrhunderten der römischen und byzantinischen Herrschaft ging Alexandria 642 n. Chr. endgültig an die mohammedanischen Araber verloren.

Heute zählt die Metropole fast 4.000.000 Einwohner und ist der wichtigste Hafen des Landes. 75 % des ägyptischen Importes werden hier verschifft. Daneben ist Alexandria der zweitgrößte Industriestandort des Landes und ein wichtiger Verkehrsknotenpunkt.

Ich bin von der Stadt begeistert. Insbesondere die zwischen den beiden Hafenbecken liegende Altstadt hat es mir angetan. Ihre Basare und engen Gassen erinnern mich an ein morgenländisches Märchen.

Sicherlich zeugt es nicht gerade von großer Kulturhöhe, dass ich hier, erstmals seit einem Monat, die Filiale einer bekannten amerikanischen Fast-Food-Kette besuche. Vergleichbare westliche Restaurants gab es die ganzen Wochen in Libyen nicht. Deshalb kann ich der Versuchung von Cheeseburgern und Pommes Frites einfach nicht widerstehen.

Quartier beziehe ich im Hotel »Union«, das nur einen Steinwurf von der mondänen Strandpromenade entfernt liegt. Es besitzt einen alten Aufzug, der so langsam fährt, dass man Angst bekommt, stecken zu bleiben. Ansonsten ist alles picobello: Zimmer und WC sind in Ordnung, es gibt auch warmes Wasser. Mitten in der Nacht stehe ich auf, da Bernd am Flughafen ankommen soll. Mit Bernd habe ich mich in Deutschland für einen Teil der Wegstrecke verabredet. Man will sich ja nicht alleine durch den nordsudanesischen Sand quälen.

Ich warte bis 4.00 Uhr morgens in der Flughafenhalle. Endlich, zeitgleich mit einem Haufen Mekkapilger, kommt Bernd an. Die »Hadschis« werden von ihren Angehörigen, die ein großes Empfangskomitee bilden, wie Fußballstars gefeiert.

Die Rückfahrt nach Alexandria – Bernd und ich fahren jetzt zusammen auf meiner Honda mit seinem gesamten Gepäck – wird abenteuerlich. Schalten und Lenken gestalten sich schwierig, aber mit Besonnenheit kommen wir ans Ziel.

Am nächsten Morgen müssen wir die Herberge wechseln, da unser Haus ausgebucht ist. Im Hotel »Triumphe« in derselben

Straße gegenüber finden wir eine neue Bleibe. Im Foyer sitzt ein Papagei und plappert vor sich hin. Am Abend nach einer ausgiebigen Siesta flanieren wir ein wenig durch die Stadt. Am Hauptplatz essen wir zum ersten Mal »Schawarma«. Schawarma ist am Spieß gebratenes Fleisch, das in einem Brötchen serviert wird. Im Café nebenan trinken wir danach als Digestif einen Tee mit frischen Minzeblättern.

In Alexandria komme ich endlich dazu, den Schlafanzug, den ich in der Libyschen Wüste geschenkt bekommen habe, nach Deutschland zu schicken. Über 2.000 Kilometer habe ich das Paket durch den afrikanischen Kontinent mit mir herumgeschleppt. Dadurch ist es schon ein wenig in Mitleidenschaft gezogen. Ich bin froh, dass ich es endlich auf den Weg bringen kann. Bei meiner Rückkehr nach Deutschland wird sich allerdings herausstellen, dass die Sendung nicht wie adressiert an meine Eltern geht, sondern an meine Kölner Wohnung, die ich als Absender angegeben habe.

In den folgenden Tagen suchen Bernd und ich mehrfach die Transportfirma Mesco auf, die für den Transport von Bernds Motorrad nach Alexandria zuständig ist. Wir lernen dort Ihab und Quael kennen, die zwar sehr freundlich sind, uns aber immer wieder mit verschiedensten Entschuldigungen hinhalten, weshalb das Schiff mit der Africa Twin noch nicht angekommen ist.

Fakt ist: Das Motorrad befindet sich noch auf hoher See. So absolvieren wir das übliche Touristenprogramm: Die Katakomben, die Säule des Pompejus, Zitadelle und die Neue Bibliothek. Sie ist die größte des Nahen Ostens und gilt als architektonische Besonderheit.

Die Abende verbringen wir mit Ihab, Quael und Sharif. Der ist ein Freund von Ihab und Zollagent. Sharifs Leidenschaft besteht darin, stundenlang mit dem Auto die Uferstraße herauf und herunter zu fahren. Dabei saugen wir die großartige Atmosphäre der Stadt ein. Das Leben spielt sich im Orient zum Großteil auf der Straße ab. Hier sitzen die Männer vor den Cafés, trinken Tee oder Kaffee und rauchen eine Wasserpfeife. Es wird erzählt, getauscht, ge- und verkauft. Ein buntes, malerisches Treiben, das ich nicht müde werde zu beobachten und zu bestaunen. Wenn wir uns satt gesehen haben, geht es meist weiter in die diversen Bars der Stadt.

Aus unserem Trott werden wir herausgerissen, als uns Ihabs Mutter zu einem richtigen ägyptischen Festmahl einlädt. Die Vorbereitungen hierfür haben zwei Tage in Anspruch genommen, bestätigt sie uns glaubhaft. Wir sitzen mit der ganzen Familie an einer riesigen Tafel, dann werden 20 verschiedene Speisen serviert. Wir sollen von jeder probieren, doch nach dem zehnten Gang muss ich abwinken. All diese Gerichte, die mir zum größten Teil völlig unbekannt sind, schmecken wirklich köstlich. Aber zu viel ist zu viel.

Wir revanchieren uns mit einer Einladung in ein elegantes Fischrestaurant. Dort kann man sich alle nur erdenklichen Fische und Krustentiere, die alle noch leben, aussuchen und zubereiten lassen.

Später fahren wir mit dem Auto durch die Gegend, hören laute Musik und trinken Bier. Die Stimmung ist ausgelassen. In einem Park machen wir Rast. Dort lasse ich mich verführen, zum ersten Mal in meinem Leben eine »besondere« Zigarette zu rauchen. Mir wird versichert, dies sei hier üblich und gesellschaftsfähig. Außerdem völlig harmlos. Also zünde ich mir die »Tüte« an, und weiter geht die Fahrt. Ich inhaliere nur wenige Male tief, und schon überkommt mich ein Gefühl von Schwindel. Ich brauche dringend frische Luft. Nichts wie raus aus dem Auto. Drei Stunden lang gehe ich auf einem Parkplatz im Kreis, bis die Wirkung der Zigarette endlich nachlässt. Nie wieder in meinem Leben werde ich ein solches Zeug anfassen.

Die Zeit des Wartens auf die zweite Twin verbringe ich meist mit Lesen. Ich habe stets zwei deutsche Bücher dabei – eines zum Lesen, eines zum Tauschen. Die Hotels fungieren hierbei als Tauschbörse. Die Honda hat nun die ersten 3.000 km hinter sich. Insbesondere die Hinterradbremse kontrolliere ich sehr genau und ziehe fast jeden Tag die Schraube der Bremsaufhängung nach. Der Schock aus Libyen sitzt noch tief.

Bernd geht fast täglich ins Büro der Frachtgesellschaft. Doch seine Maschine kommt und kommt nicht. Daraufhin beschließen wir, die Wartezeit zu verkürzen und fahren mit dem Zug nach Kairo. Dort wohnen wir im Hotel »Sawa Inn«, einer netten Absteige, in der viele Backpacker, wie die Rucksackreisenden genannt werden, aus aller Herren Länder untergebracht sind. Abends probieren wir erstmals »Kushari«. Das ist ein vegetarisches Gericht, das im Wesentlichen aus Linsen, Reis und getrockneten Zwiebeln besteht.

Die nächsten beiden Tage verbringen wir mit der Besichtigung Kairos. Das Ägyptische Museum fasziniert mich durch die goldverzierten Grabbeilagen und die Vielzahl seiner Exponate. Jemand hat ausgerechnet, dass man eine Woche lang beschäftigt wäre, würde man sich jedes Ausstellungsstück nur eine Minute anschauen.

Nach dieser kulturellen Stippvisite kehren wir nach Alexandria zurück. Dort wartet eine schlechte Nachricht: Bernds Motorrad ist immer noch nicht da. Wieder vergeuden wir Zeit mit nervtötender Warterei. Jeden Tag werden wir auf den nächsten vertröstet. Uns ist furchtbar langweilig. Die einzige Unterbrechung dieser Monotonie sind die Abende. Wir treffen uns mit Ihab und Sharif und absolvieren das übliche Abendprogramm.

Einmal unternehme ich einen Ausflug nach Rashid an die

Nilmündung. Der Ort ist allerdings ein wenig enttäuschend. Außer einem Militärposten gibt es nichts zu sehen. Kein Gedenkstein, nicht einmal eine Bude, an der man Erfrischungsgetränke kaufen könnte.

Nun hängen wir schon zwei Wochen lang am Nil herum. Ich habe die Hoffnung fast schon aufgegeben. Doch irgendwann ist es tatsächlich soweit: Bernds Motorrad trifft ein. Mit Sharifs Hilfe gelingt es uns, die Zollprozedur relativ zügig über die Bühne zu bekommen. Dann schwingen wir uns in den Sattel.

Nach der langen Abstinenz macht das Motorradfahren unglaublich viel Spaß. Wir düsen der Sonne entgegen, unser Ziel ist Giseh. Gegen Mittag beziehen wir Quartier im Hotel »Pyramids View«, die Motorräder dürfen ins Foyer. Wie der Name verrät, haben wir einen traumhaften Blick auf die Pyramiden. Ich stehe im Abendrot auf dem Balkon und bewundere, wie die Sonne hinter den Pyramiden untertaucht.

Am nächsten Nachmittag treffen wir uns mit Ihab, Sharif und dessen Freundin Gigi, um das Pyramidengelände von innen zu besichtigen. Dort tobt der Wahnsinn: Menschenmassen quetschen sich um die Sphinx herum, mir ist das alles viel zu voll. Ich kann nirgends stehen bleiben, um die Altertümer in Ruhe zu betrachten. Ständig werde ich gefragt, ob ich jemanden fotografieren kann.

Als es dunkel geworden ist, wollen uns die drei Ägypter richtiges orientalisches Nachtleben zeigen. Wir gehen in mehrere Clubs, aber so richtig kommt keine Stimmung auf. Es wird wohl daran liegen, dass heute Feiertag ist. Schade, ich hätte gerne mal wieder eine Nacht durchgetanzt. Vielleicht hätte ich sogar eine reizvolle Bekanntschaft mit einer schönen Nachkommin der Pharaonen gemacht? Doch daraus wird nichts. Wehmütig nehmen wir von unseren Freunden Abschied.

Wir fahren mit unseren beiden afrikanischen Zwillingen nach Sakarra, rund 50 Kilometer südlich von Kairo. Dort warten berühmte Stufenpyramiden, Schacht- und Galeriegräber sowie Tierfriedhöfe dieser altägyptischen Nekropole auf uns. Die Besichtigung der Pyramide gerät zu einem kleinen Abenteuer. In stark gebückter Haltung pirschen wir in Richtung Grabkammer. Häufig müssen wir auf alle Viere wechseln, damit ein Fortkommen möglich ist. Stellenweise ist es so dunkel, dass man die Hand nicht vor Augen sieht. Es gibt kein elektrisches Licht. So sind wir auf unser Feuerzeug als einzige Lichtquelle angewiesen. Wir tasten uns entlang der Grabwände und können nur vermuten, was für eine prunkvolle Ausmalung diese Grabkammer besitzt.

Über eine wackelige Holztreppe klettern wir noch in eine weitere Kammer, auch hier können wir die Schönheit des Raumes nur erahnen. Jetzt wird uns die Angelegenheit zu heikel, und wir kehren um.

Wieder zurück am Tageslicht, kommt uns eine ganze Schulklasse entgegen, die sich dieses Abenteuer auf Geheiß des Lehrers ebenfalls antun muss. Einige der jungen Mädchen sind sehr aufgeregt. Ich kann sie sehr gut verstehen.

Auf dem Rückweg nach Giseh bleibt mein Motorrad dreimal stehen. In der Hoffnung, dass dies die Ursache ist, tausche ich unter Scheinwerferlicht mitten in der Nacht die Benzinpumpe aus. Danach fährt die Honda fürs Erste wieder.

Unser nächstes Ziel ist die Oase Bahariya in der Libyschen Wüste. Diese erreichen wir nach einem Zwischenstopp in einer Stadt, die den klangvollen Namen »6. Oktober« trägt. Dabei handelt es sich wohl um einen ägyptischen Feiertag. Danach gleich eine ganze Stadt zu benennen, das finde ich eigenartig.

Bernd hat aus Deutschland zwei neue Motorradreifen mitgebracht, die er bei der Abfahrt aus Giseh übereinander gelegt und auf dem Gepäckträger seiner Maschine festgezurrt hat. Bei einem Zwischenstopp, den wir nach ca. 100 Kilometern einlegen, bemerkt er, dass einer der beiden Reifen kaputt ist. Er hat während der Fahrt gegen das Hinterrad gerieben. Nun ist der unbenutzte Mantel hinüber, und er kann ihn nur noch wegwerfen. Schade um das Geld. Außerdem wird es schwierig, bis Nairobi einen vergleichbaren Ersatzreifen aufzutreiben.

In der Oase übernachten wir im »Achmed Safari Camp«. Dort werden kleine Hütten mit Strohdächern vermietet, die von außen ganz nett anzusehen sind, deren sanitäre Anlagen jedoch schon bessere Zeiten gesehen haben. Wir genießen bei Vollmond die warmen Quellen und lassen die Seele baumeln. Fantastisch.

Das Frühstück nehmen wir uns als »Daypack« mit, denn wir wollen heute Strecke schaffen. Zuerst erreichen wir die so genannte Schwarze Wüste, so benannt, weil das Gestein hier schwarzgrau ist. Ich besteige einen Berg, von dem ich einen traumhaften Ausblick auf die Weite der Wüste habe.

Später kommen wir in die bis heute kaum erforschte Weiße Wüste mit ihren grotesken Pilzformationen aus Kalkstein. Früher war diese Fläche wohl mal ein Meer, das im Laufe der Jahrhunderte ausgetrocknet ist. Die verbliebene Muschelmasse hat sich zu Kalk verdichtet und die bizarren Gebilde kreiert.

Hier machen wir mit unseren Motorrädern die ersten Erfahrungen im Sandfahren, was richtig Spaß macht. Nur trauen wir uns nicht zu weit in die Weiße Wüste hinein, weil wir Angst haben, die Orientierung zu verlieren.

Abends campen wir in der Oase Farafra. Es gibt zwar keinen richtigen Zeltplatz, aber einen hoteleigenen Sandkasten. In diesem schlagen wir unser Lager auf. Zum Abendessen werden wir von einem Polizisten geleitet. Hier in den Oasen haben die Ägypter Angst, dass es zu Übergriffen von fundamentalistischen Islamisten auf Touristen kommt. Gerade in den letzten

Jahren hat es immer wieder Attentate und Anschläge gegeben, die den Besuchern aus den USA, Israel und Europa galten.

Der folgende Tag ist alles andere als ein Zuckerschlecken, denn ich habe kaum geschlafen und bin stark erkältet. Die Fahrerei langweilt mich, die Wüste geht mir auf den Senkel. Ein Lichtblick ist die Mittagspause in Dakhla. Hier essen wir die beste Kushari in ganz Ägypten.

Abends in Kharga angekommen, umringen uns gleich mehrere Polizisten. Die ganze Nacht stellen sie eine Wache vor unserem Hotel auf. Für die »heiligen« Touristen wird fast alles getan, sie sollen sich sicher und wohl fühlen. Der Tourismus ist für Ägypten eine wichtige Devisen- und Einnahmequelle. Dass die Besucherzahlen, bedingt durch die Gefahr von Terrorakten, in den letzten Jahren rückläufig sind, sorgt für große Unruhe und Angst im Hotel- und Gaststättengewerbe.

Wir versuchen, eine Durchfahrtsgenehmigung für die Straße Kharga – Luxor zu bekommen. Die würde uns den Umweg über Asyut und das langweilige Fahren im Polizeikonvoi ersparen. Leider sind unsere Bemühungen nicht von Erfolg gekrönt, obwohl wir jede Menge Bakschisch anbieten.

Das heißt, wir müssen einen Umweg von 200 Kilometern in Kauf nehmen und mehr als zehn Stunden im Sattel verbringen. Bis Asyut können wir immerhin ohne Konvoi fahren. Am Flughafen der Stadt werden wir dann abgefangen. Acht Stunden Konvoifahrt folgen, es sind über 300 Kilometer bis Luxor.

Manchmal kreisen vier Polizeifahrzeuge um uns herum. Dann sind alle verschwunden, um ganz plötzlich wieder aufzutauchen. Eines der Polizeiautos bleibt häufig liegen, bevor es endlich ausgetauscht wird.

Beim Mittagessen leisten uns fünf Polizisten Gesellschaft. Ich überlege, wie ich mich fühlen soll: als Staatsgast oder als

Schwerstverbrecher? Die Uniformierten scheinen jeden Happen zu zählen, den wir verspeisen. Außerdem drängen sie, wir sollen uns beeilen. Sie haben gewaltige Angst, dass uns etwas passieren könnte.

Am Abend erreichen wir Luxor – einer der absoluten Höhepunkte unseres Ägyptenaufenthaltes. Der nächtliche Besuch des dem Gott Amun geweihten Luxor-Tempels wird zur bleibenden Erinnerung: Die 134 angestrahlten Säulen der Anlage sind ein Anblick zum Träumen.

Die Realität des »Happy Land Hotel«, in dem wir untergebracht sind, holt mich schnell in die Gegenwart zurück. Es ist eine Backpacker-Absteige, wie sie im Buche steht. Die Zimmer sind klein, stickig und laut, das Personal ist unfreundlich. Auf der Habenseite steht das ausgiebige Frühstück auf der Dachterrasse mit weitem Blick in die Ebene.

Ein kulturelles Monsterprogramm folgt. Bei brüllender Hitze besuchen wir das Tal der Könige, Karnak und den Tempel der Hatschepsut. Alles an einem Tag. Glühend steht die Sonne am blauen Himmel. Das Ganze strengt mich sehr an, da ich eine leichte Magenverstimmung habe. Heute ernähre ich mich nur von Bananen. Zwei Kilogramm stopfe ich in mich hinein, um meinen Darm zu verschließen. In Karnak gewährt uns ein Touristenpolizist Einblicke in nicht öffentliche Bereiche des Tempels. Dort können wir Säulen und Statuen bestaunen, die sonst keinem anderen Touristen zugänglich sind.

Den folgenden »Erholungstag« verbringen wir im Club Med von Luxor. Dort gibt es die Möglichkeit, als Tagesgast am Swimmingpool neben dem träge dahinfließenden Nil zu liegen. Erneut genießen wir abends einen dieser phänomenalen Nil-Sonnenuntergänge.

Weiter gen Süden geht unsere Fahrt. Wir fahren nach Assuan. Diesmal ohne Konvoi. Dafür werden wir häufig an Polizeiposten festgehalten und sehr genau beäugt.

Wir kommen in die Region Nubien. Deren Einwohner sind koptische Christen und von dunklerer Hautfarbe als die Ägypter. Es wäre sicherlich interessant gewesen, hier länger zu verweilen. Aber nach dem Zeitverlust in Alexandria wollen wir uns jetzt ein wenig beeilen.

Endlich zeigt ein Wegweiser, dass es nach Assuan nicht mehr weit ist.

Die Stadt ist berühmt für ihren gewaltigen Stausee. Dabei wissen wohl die Wenigsten, dass es einen alten und einen neuen Staudamm gibt. Der alte wurde in den Jahren 1892 – 1902 nach Plänen des englischen Ingenieurs Sir William Willcocks errichtet. Er ist ca. 2,1 Kilometer lang und wurde in den Jahren 1907 – 1912 und 1929 – 1933 erhöht, bis er eine Scheitelhöhe von 54 Metern erreichte. Der neue Damm ist viel gewaltiger und wurde von 1960 bis 1971 sieben Kilometer südlicher gebaut. Seine Staumauer ist 111 Meter hoch und fast 4.000 Meter lang.

Der Bau dieses Damms war umstritten: Die Umsiedlung von zahlreichen Kulturdenkmälern und rund 100.000 Menschen wurde notwendig, da der Nassersee, der durch die Anstauung des Nils entstand, ein großes Gebiet überschwemmte. Auch lagert sich der nährstoffreiche Nilschlamm nun im See ab und kommt nicht mehr den Feldern zu Gute, die unterhalb der Staumauer liegen. Sogar für Erosionen an den Küsten des östlichen Mittelmeers ist der Damm verantwortlich, da ihnen der Sand fehlt, den der Nil früher ins Meer spülte.

In Assuan angekommen, fahren wir die Uferpromenade entlang. Wo ist das Hotel »Keylani«? Nach einigem Fragen und Suchen finden wir es, in einer Ecke in der Nähe des Basars.

Den Abend genießen wir auf dem Hauptplatz der Stadt. Hier gibt es Gaukler, allerhand Kleinkünstler und natürlich zu Essen, was das Herz begehrt. Ich bin erstaunt, dass auf dem

Basar die Geschäfte bis weit nach Mitternacht offen haben.

Am nächsten Morgen besorgen wir uns zunächst die Fährtickets von Assuan nach Wadi Halfa im Sudan. Dies ist die einzige Möglichkeit für westliche Touristen, die Grenze zum Sudan zu überschreiten. Wir reisen erste Klasse, denn wir wollen eine Kabine für uns haben, damit wir unser Gepäck unbesorgt einschließen können.

Am Nachmittag machen wir eine Felukenfahrt zum botanischen Garten von Assuan. Die Feluke ist das klassische ägyptische Küsten- und Flussboot, das als Reise- und Handelsfahrzeug dient. Typisch für die Feluke ist das dreieckige Lateinersegel.

Bernd und ich stehen abwechselnd am Steuer. Das ist mal etwas ganz anderes, als ständig den Lenker eines Motorrades in der Hand zu haben. Es erfordert viel Geschick, das Boot auf Kurs zu halten. Kleinste Lenkbewegungen haben fatale Richtungsänderungen zur Folge.

Nach unserem Ausflug lassen wir unsere Ägyptenbilder auf eine CD brennen. Zum Glück treffen wir ein deutsches Ehepaar, das vertrauenserweckend aussieht. Sie nehmen die CD mit, die auf diesem Wege wohl am schnellsten und sichersten ihren Empfänger in Deutschland erreichen wird.

Aus einer Bierlaune heraus lasse ich mir am Abend eine Glatze scheren, damit ich später im heißen Sudan nicht so stark schwitze. Was ich jetzt noch nicht weiß: Diese Heldentat wird später mit einem gewaltigen Sonnenbrand abgestraft. Anschließend verprasse ich mein letztes ägyptisches Geld und schaue bis spät in die Nacht dem Treiben am Ufer des Nils zu.

Nach viel zu kurzem Schlaf geht es leicht verkatert zur Fähre. Dort angekommen, werden Bernd und ich nach Assuan zurückgeschickt. Wir benötigen eine Unbedenklichkeitsbescheinigung der Polizei, dass wir in Ägypten keine Verkehrsdelikte begangen haben. Sonst dürfen wir nicht ausreisen. Also müssen wir 20 Kilometer nach Assuan zurückfahren, um dort bei einer ganz bestimmten Polizeistation an eine solche Bescheinigung zu kommen. In der Station herrscht das völlige Chaos, Papier liegt auf der Erde, Akten stapeln sich meterhoch. Nach einigem Hin und Her halten wir den Wisch in den Händen. Nun aber zurück zur Fähre, sonst läuft sie ohne uns aus.

Inzwischen ist es Nachmittag, und wir können endlich die Motorräder verladen. Das Ganze erfolgt per Hand. Mehrere Männer packen mit an und hieven die Maschinen über diverse Lastkähne, bis sie einen sicheren Stellplatz auf dem Gang des Schiffes finden. Während dieser Prozedur beobachten wir, wie Unmengen von Waren auf die Fähre geladen werden. Porzellan, Dünger, Möbel, Lebensmittel. Man hat den Eindruck, es gäbe im Sudan nichts zu kaufen.

Wir treffen auf Anita und Felix, ein Pärchen aus der Schweiz, die offensichtlich noch abenteuerlustiger sind als wir. Sie sind auf Hochzeitsreise und wollen auf einem Tandem durch Afrika radeln.

In der Abenddämmerung geht die Fahrt los, mit dreimaligem Hupen legen wir ab. Das Schiff quillt über vor Reisenden. Viele von ihnen schlafen auf Deck unter freiem Himmel. Ein herrlicher Sonnenuntergang über dem Nassersee entschädigt für die Strapazen des Tages.

Mir fällt auf, dass viele Menschen auf dem Schiff schon dunklere Haut haben als in Ägypten. Auch die Kleidung ändert sich, sie besteht überwiegend aus einem weißen Umhang mit weißem Käppi.

An Deck sitzend, schaue ich auf das tiefschwarze Wasser, in dem sich der Mond spiegelt. Ich lausche den Trommelklängen und dem Gesang und denke bei mir: Jetzt bin ich endlich richtig in Afrika angekommen.

Kapitel 5

# Im Sandsturm durch die Wüsten des Sudan

Die Fahrt auf dem Nassersee, dem größten künstlich angelegten See der Welt, ist ein einzigartiges Erlebnis. Im Morgengrauen taucht Abu Simbel vor uns auf, das wegen des Felsentempels des Pharaos Ramses II. (1279 – 1213 v. Chr.) berühmt ist. Die vier 22 Meter hohen Kolossalstatuen gehören zum Weltkulturerbe der Unesco. Bei der Anlage des Stausees drohten die beiden Heiligtümer, die am westlichen Nilufer zwischen dem ersten und zweiten Katarakt liegen, in den gestauten Wassern zu versinken. Deshalb wurden die gesamten Tempelanlagen in den Jahren 1964 bis 1968 umgesetzt. Unter Anleitung von Ingenieuren des deutschen Bauunternehmens Hoch-Tief zerlegte man die Tempel in über tausend Einzelteile. Anschließend wurden sie 180 Meter landeinwärts und 64 Meter über ihrem alten Standort wieder errichtet. Eine Betonkonstruktion stützt die gesamte Anlage. Bernd und ich können uns vom Anblick der Anlage, die altägyptische und moderne Ingenieurkunst verbinden, kaum losreißen.

Am späten Vormittag wird unsere Fähre von der Küstenwache gestoppt. Wir haben die Grenze zum Sudan erreicht. Eine

Stunde später legen wir in Wadi Halfa an. Die üblichen Zollformalitäten ziehen sich endlos in die Länge. Um die Sache ein wenig zu beschleunigen, schicken wir Anita vor. Frauen werden bei Menschenschlangen in der arabischen Welt immer vorgelassen.

Schließlich kommt uns Kamal, ein freundlicher alter Mann, zu Hilfe. Er kennt die Zollbeamten gut, und ruck, zuck sind wir offiziell in den Sudan eingereist. Den Abend verbringen wir mit den Schweizer Tandemfahrern auf einem abgeschiedenen Plätzchen am Nil. Wir fürchten uns alle etwas vor den berüchtigten Nilkrokodilen, die bis zu fünf Meter lang werden und gelegentlich auch Menschen verspeisen.

Tags darauf geht es weiter mit amtlichen Formalitäten. Wir müssen uns in Wadi Halfa noch polizeilich registrieren lassen. Das dauert den ganzen Vormittag. Es ist aber notwendig, da man sich in den Ortschaften und Städten des Sudan grundsätzlich anmelden muss, wenn man über Nacht bleibt. Bis wir alles endlich erledigt haben, ist es so heiß geworden, dass wir unter einem Strohdach Zuflucht suchen. Ich mit meiner rasierten Glatze ganz besonders. Dort trinken wir den besten Tee von Afrika. Eine junge Frau gibt immer eine Prise Zimt und noch ein paar andere gute Zutaten in den Tee, um den unvergleichbaren Geschmack herzustellen.

Erst am späten Nachmittag brechen wir auf, die Temperaturen lassen es vorher nicht zu. Die Tankstelle, an der wir unsere Benzinvorräte vervollständigen wollen, ist ein Abenteuer für sich. Erst werden wir zum Tee ins Wohnzimmer des Hauses eingeladen, dann gibt es den Sprit nur aus Kanistern. Hoffentlich ist er wenigstens sauber und nicht mit Wasser gestreckt.

Danach starten wir in die sudanesische Wüste, die an dieser Stelle einer kargen Mondlandschaft gleicht. Direkt neben der Piste schlagen wir unser Zelt auf. Offensichtlich ein Fehler.

Denn wir werden fast von einem Lastkraftwagen überrollt, der direkt neben dem Zelt eine Zusatzfahrspur eröffnet hat. Nach dem Schrecken verlagern wir unser Plätzchen um ein paar Meter in sicherere Gefilde.

Morgen früh beginnt die bisher größte fahrerische Herausforderung: die Durchquerung der sudanesischen Wüste. 500 Kilometer Schotter und Sand warten auf uns.

Das nächste Ziel heißt Akasha am Nil. Wir fahren durch eine tote Landschaft. Hier gibt es nicht das geringste Anzeichen von Vegetation. Unterbrochen wird die Monotonie lediglich durch zwei Gehöfte. Das ist die erste menschliche Ansiedlung, die wir nach Wadi Halfa erreichen. Die wenigen Bewohner sind gegenüber Fremden sehr scheu und wollen sich nicht ablichten lassen. Schließlich kann ich doch ein Bildchen von einem Mann und seinem Sohn erhaschen.

Kurz vor Akasha bleibt meine Honda plötzlich stehen. War der Sprit doch unsauber?

Unter großen Mühen bringe ich sie wieder zum Laufen. Mit Ach und Krach erreichen wir Akasha, wo wir die übliche Mittagsrast einlegen. Der dortige Nilblick entschädigt für die Strapazen der Fahrt, und wir freuen uns, wieder unter Menschen zu sein.

Kinder umringen staunend die Motorräder. Bernd fährt die Erwachsenen durchs Dorf, was allen offensichtlich großen Spaß bereitet. Insbesondere der Motorradhelm, den wir ihnen aufsetzen, sorgt für Begeisterung.

Als Belohnung werden wir zu einem kleinen Imbiss eingeladen. Anschließend darf ich auf einem Esel durch das Dorf reiten. Ich freue mich über die bunt bemalten Lehmwände, die eine freundliche Stimmung in die triste Landschaft bringen.

Weiter geht es nach Kosha. Dort werden wir von Nilfliegen fast aufgefressen. Stur zeigt der Lenker gen Süden. Schotter und Sand, die ständigen Begleiterscheinungen der Wüste, beanspruchen das Material stark. Wir müssen unsere verstopften Luftfilter öfter reinigen.

Allmählich gelangen wir im Schotter- und Sandfahren zu einer gewissen Routine. Dadurch können wir unser Tempo immerhin auf 40 km/h steigern. Ein angenehmer leichter Wind bläst. So ist die Hitze an diesem nicht sonderlich ereignisreichen Tag ganz gut zu ertragen.

Es geht immer am Nil entlang, bis wir eine kleine Ansiedlung erreichen. Dort macht der Nil einen großen Bogen. Wir wollen Kilometer sparen und entscheiden uns für eine Abkürzung quer durch die Wüste, die uns direkt nach Kerma führen soll. Hinter ein paar Steinen campen wir. Sie geben uns Schutz gegen den Wind, der jetzt immer stärker bläst.

In der Nacht hat der Wind unser Zelt mit einer dicken Sandschicht bedeckt. Rasch packen wir zusammen und fahren weiter. Es sind ja nur noch 20 Kilometer bis Kerma. Trotzdem scheint die Wüste kein Ende nehmen zu wollen. 20.000 Meter sind im Sudan offensichtlich etwas total anderes als in Mitteleuropa. Insbesondere wenn man mit voll bepackten Motorrädern unterwegs ist.

Aus dem Wind wird ein Sandsturm. Und wir haben lediglich zwei Liter Wasser dabei. Es sollte ja nur eine kurze Tour durch die Wüste werden. Aufgrund meiner Erfahrungen in Libyen überlege ich, ob wir nicht lieber umkehren sollten. Der aufgewirbelte Sand ist schlimmer als der dichteste Nebel. Es ist kaum noch etwas zu sehen oder zu erkennen. Wir schalten beide Motorradscheinwerfer ein. Einmal verlieren uns Bernd und ich fast aus den Augen. Das wäre böse, denn er hat das Wasser und das GPS bei sich, die wichtigsten Utensilien in der Wüste. An eine Sichtorientierung ist nicht zu denken, wir tasten uns nur per GPS weiter.

Endlich, ich habe die Hoffnung fast schon aufgegeben, schlägt mein Vorderrad plötzlich auf ein hartes Hindernis. Es ist ein kleiner Erddamm, die landesübliche Begrenzung für angelegte Gärten. So können diese mit Wasser geflutet werden. Jetzt kann ein Dorf nicht mehr weit sein. Vielleicht Kerma?

Vorher geraten wir noch in ein Labyrinth aus Erdwällen, Feldern und Gärten. Über eine Stunde lang steuern wir querfeldein. Erst dann erreichen wir einen Ortskern, es ist tatsächlich Kerma.

Dort wollen wir den Nil queren. Über eine eigens angelegte Erdrampe gelangen wir auf den Kahn. Die Fähre ist eigentlich nicht überladen. Anscheinend ist aber heute nicht unser Glückstag, denn der Kahn fährt sich auch noch fest. Sofort hüpfen mehrere Menschen in das seichte Wasser und versuchen das Boot freizuschieben. Nach geschlagenen eineinhalb Stunden bewegt sich endlich etwas.

Am anderen Ufer angekommen, wartet die nächste Fahrprüfung auf uns: Aus dem Stand geht es mit Vollgas einen steilen Erddamm hoch. Ich bin froh, ohne Sturz oben auf der Kuppe des Hügels zum Stehen zu kommen.

Danach geht es durch Terrassenfelder Richtung Dongola. In den Niederungen des fruchtbaren Niltals gedeiht so einiges: Bohnen, Datteln und Getreide.

Unsere Fahrt endet in Dongola, der Hauptstadt von Nubien. Endlich haben wir wieder ein Stück Asphalt unter den Rädern und ein Hotel mit Dusche.


Nach unserem Abenteuer im Sandsturm machen wir in Dongola einen Tag Erholungsrast und fahren in die antike Stadt Kawa, die auf dem anderen Nilufer liegt. Auf der Fähre sitze ich oben auf einem Lkw, der fünf Meter hoch mit Getreidesäcken voll gestapelt ist. Von dort habe ich eine gute Aussicht auf Eselskarren, die vor Zwiebeln und Tomaten überquellen.

Menschen essen »Ful«, ein sudanesisches Bohnengericht, Männer schmieden an Land aus Blechbüchsen Öllampen. Hier wird nichts einfach weggeworfen.

Kawa, das Ziel unseres Tagesausflugs, war einst ein wichtiges religiöses Zentrum für ganz Nubien, denn die Pharaonen machten auf ihrer Thronreise dort Rast.

Den ältesten Rest der Ansiedlung stellt der Tempel dar, den Tut-ench-Amun für den Gott Amun-Re erbauen ließ. Dieser wurde in den siebziger Jahren von polnischen Wissenschaftlern ausgegraben. Seitdem hat sich hier nichts mehr getan, der Tempel wurde vom Wüstensand zugeweht und stellt einen erbärmlichen Anblick dar.

Abends treffen wir wieder unsere Tandemfreunde Anita und Felix. Wir probieren zusammen Ful – es schmeckt gar nicht so schlecht.

Ein ganz anderes Erlebnis der kulinarischen Art habe ich, als wir uns bei der örtlichen Polizei anmelden. Die Polizisten bieten mir eine spezielle Art von Kautabak an, den ich tapfer annehme, in den Mund stecke und kaue. Pfui Teufel! Das Zeug schmeckt ekelhaft bitter. Von dem ungewohnten Nikotinschock wird mir ganz schwindelig. Ich muss schnell aus der Amtsstube raus und frische Luft tanken.

Die nächste Etappe soll uns nach Al Ghaba bringen. Sie beginnt relativ angenehm. Zunächst haben wir etwa 40 Kilometer ausgebaute Teerstraße vor uns, die dann in festgefahrenen Schotter übergeht. Danach kommt es dick: Tiefsand.

Bei einer Pause baut Bernd eine Plane als Sonnen- und Windschutz auf. Die installiert er so ungeschickt an seinem Motorrad, dass es umfällt, meine Maschine mitreißt und ich beinahe von ihr erschlagen werde. Die Ecke des Alukoffers knallt nur zehn Zentimeter neben meinem Kopf in den Sand.

Mein Helmvisier bekommt einen dicken, fetten Kratzer ab. Jetzt werde ich wohl die nächsten neun Monate ohne Visier fahren müssen.

Der nächste Stopp wird angenehmer: Unter einem wunderschönen Baum, der Kühle und Schatten spendet, legen wir uns zum Mittagsschläfchen nieder. Plötzlich werden wir von einem vierjährigen Mädchen mit Tee und Kaffee überrascht. Gestikulierend bringen wir unsere Freude zum Ausdruck. Es ist so schade, dass wir nicht mit ihr reden können. Tee und Kaffee geben uns die Kraft zurück, die wir benötigen, um uns weiter durch den Sand zu wühlen.

Wir erreichen das Dorf Al Ghaba. Ich bin wohl nicht ganz bei mir, stürze und schlittere fast gegen eine Lehmmauer. Das hätte übel ausgehen können. Zehn Einheimische eilen herbei und helfen mir wieder auf die Beine – auch eine Form von afrikanischer Gastfreundschaft.

Wir dürfen auf dem Dorfplatz zelten und werden mit Wasser, Tee und sogar Tomaten versorgt. Tomaten sind in der Wüste ein ganz besonderer Luxus. Üblicherweise findet man in den kleinen Dorfläden nur Bohnen, Tee, Kekse, Seife und Waschpulver.

Der Ortsvorsteher bietet mir seine sehr attraktive Tochter an. Fünf Kamele Mitgift will er für sie haben. Bloß gut, dass ich keine Kamele dabei habe. Außerdem: Wo sollte ich das Mädchen auf meinem voll bepackten Motorrad transportieren? Hübsch wäre sie ja mit ihrer schlanken Figur und ihren feinen Gesichtszügen. Außerdem spricht sie Englisch.

Die letzten Kilometer im Sand am nächsten Tag gestalten sich erträglich. Erstens naht das Ziel, die Teerstraße nach Khartum. Zweitens scheint der Sand hier fester zu sein und gibt den luftleeren Reifen bessere Traktion. Wir haben den Luftdruck auf 0,5 bar abgelassen. Die größere Reifenoberfläche bedeutet im

Sand einen besseren Vortrieb für das Hinterrad.

Kurz vor dem Obelisken, der am Beginn der Teerstraße errichtet wurde, legen wir eine Verschnaufpause ein. Nicht nur für jeden Nordsudanesen, nein, auch für uns hat diese Steinsäule einen Symbolcharakter. Sie bedeutet, dass man die Wüste erfolgreich überwunden hat.

Noch eine letzte Anstrengung, dann ist die Sandstrecke von fast 500 Kilometern endlich geschafft. Aus Freude umrunde ich gleich dreimal den Obelisken und reiße die Arme in die Höhe, wie jemand, der ein Motorradrennen gewonnen hat.

Der Lenker zeigt nun in Richtung Khartum. Wir fahren langsam, weil unsere Reifen noch nicht richtig aufgepumpt sind. Während der Fahrt übermannt mich immer wieder der Sekundenschlaf. Gott sei Dank werde ich immer rechtzeitig wach und stürze nicht. Ich signalisiere Bernd, dass ich dringend eine Pause brauche. Wir halten an. Zum Mittagsschlaf lege ich mich auf die unbefahrene, einsame Teerstraße nieder. Als ich ausgeschlafen habe, füllen wir unsere Reifen mit einer kleinen Handluftpumpe. Ein solches Ding findet normalerweise an heimischen Fahrradreifen Anwendung. Wer damit einen Motorradreifen aufpumpt, weiß hinterher, was er getan hat.

Im weiteren Verlauf ist die Landschaft monoton, flach und geröllig. Dann verwandelt sie sich und erinnert mich an das australische Outback. Weites, rötlich schimmerndes Buschland, das sich bis in die Vorstädte von Khartum hinzieht. Khartum, was auf Deutsch soviel bedeutet wie »Der Elefantenrüssel«, ist die Hauptstadt der Republik Sudan und des sudanesischen Bundesstaates Al-Khartum. Die Stadt liegt am Zusammenfluss des Weißen und des Blauen Nils. Im Großraum Khartum, der das wirtschaftliche, kulturelle und politische Zentrum des Landes darstellt, leben fast 7,5 Millionen Einwohner. Eng verbunden mit der Geschichte und Entwicklung Khartums ist die englische Kolonialherrschaft, der geheimnisvolle Mahdi und die legendäre Gestalt des britischen Kriegshelden Lord Kitchener. Wer mehr über diese spannende und blutige Epoche der sudanesischen Geschichte erfahren möchte, der sollte bei Karl May nachlesen.

In Khartum angekommen, finden Bernd und ich schnell den »Blue Nile Sailing Club«. Das GPS ist uns dabei eine große Hilfe. Dort treffen wir sehr nette Leute aus Europa: Hermann, seine Frau und zwei weitere Schweizer Ehepaare.

Zwei Tage bastele ich auf dem Campingplatz fast nur an meiner Honda herum. Der Motor hat Schwierigkeiten mit der Benzinzufuhr. Nachdem das geregelt ist, verstelle ich noch das Ventilspiel. Das sollte fürs Erste genügen.

Natürlich bleibt noch genug Zeit, um den besonderen Flair eines Campingplatzes im Sudan zu genießen. Abends essen wir Europäer gemeinsam. Jeder ist mal dran zu kochen, und es entbrennt der reinste Wettstreit, wer das beste Gericht zaubert.

Eines Abends besuchen wir eine Kirche in Omdurman. Dort sehen wir den Tanz der Derwische, der auf einem Friedhof stattfindet und mich tief beeindruckt. Die Tänzer sind reich verziert und tragen schrecklich aussehende Masken.

Die Stunden, die übrig bleiben, genieße ich mit süßem Nichtstun auf dem herrlichen Campingplatz, der direkt am Zusammenfluss des Weißen und des Blauen Nils liegt. Man kann deutlich die unterschiedliche Wasserfärbung der beiden Flüsse erkennen, die ihnen ihre Namen gab. Frauen waschen am Ufer ihre Wäsche, während die Kinder vergnügt im Wasser plantschen.

Irgendwann hat die Faulenzerei ein Ende, die Unternehmungslust in mir erwacht wieder. Andy und ich fahren auf meinem Motorrad bei leichtem Sandsturm in Richtung der Königspyramiden von Meroe. Andy ist ein kerniger, durchtrainierter Schweizer Fahrradfahrer, der von Madagaskar bis Basel hochradelt. Wir verstehen uns auf Anhieb sehr gut, er gibt mir wertvolle Streckentipps für meine weitere Reise.

Auf halber Strecke treffen wir die Schweizer René und Sonja, ein Rollstuhlfahrer und seine Partnerin, die mit einem Mercedes schon um die halbe Welt gefahren sind. Ich empfinde tiefe Bewunderung für dieses Pärchen, das trotz der Behinderung von René eine solche Reise unternimmt. Sonja ist eine sehr starke, imposante Frau. Mit gespitzten Ohren lauschen wir ihren Geschichten, zum Beispiel wie sie den Wagen freigräbt, während er im Auto sitzen bleiben muss.

Sie servieren uns als Willkommensgruß die tollsten Snacks: Bündner Fleisch und andere Fleischspezialitäten, die sie aus Äthiopien mitgebracht haben. Dort gibt es wohl einen Schweizer, der die europäische Wurstkultur auf den Schwarzen Kontinent gebracht hat. Nach dem Gaumenschmaus fällt es schwer aufzustehen.

In Meroe besichtigen wir als einzige Touristen die kleinen Spitzpyramiden, bis eine ganze archäologische Studiengruppe der Universität Khartum von einem Bus ausgekippt wird. Sie wollen alle mit uns für ein Foto posen und nicht den »spannenden« Ausführungen ihres Professors zuhören.

Am Abend beschließen wir, mal wieder richtig nett essen zu gehen. In der Nähe gibt es eine Lodge, die italienisches Essen serviert. Wir fahren hin, nur sind die Betreiber gerade in Khartum. Also nichts mit Pizza oder Pasta. Enttäuscht schleichen wir ums Gebäude. Da kommt ein Wächter vorbei. Er empfängt uns freudestrahlend. Eine halbe Stunde später bekommen wir ein sudanesisches Hühnchen und Tee serviert. Als wir gehen wollen, stellt er uns zwei Bettgestelle hin. Eigentlich wollten wir ja in den Pyramiden schlafen, aber jetzt können wir schlecht nein sagen. So übernachten wir unter freiem Himmel mit First-Class-Blick auf die Pyramiden.

Kurz nach Sonnenaufgang geht es 35 Kilometer durch den Sand nach Musawwarat. Dort treffen wir auf ein deutsches Ausgrabungsteam, das uns zum Mittagessen einlädt.

Als ich danach wieder losfahren will, habe ich einen Platten. Es wird später Nachmittag, bis dieser geflickt ist. Bei Nacht fahren wir durch den sudanesischen Busch. Ein Risiko, aber sonst kommen wir heute nicht mehr nach Khartum zurück. Wir bekommen es ein wenig mit der Angst zu tun, hoffentlich kommt die Teerstraße bald. Als wir diese erreichen, treffen wir auf einem Parkplatz unsere Schweizer wieder. Bei einem kleinen Abendessen im Wohnmobil berichten wir von unseren Erlebnissen. Darüber vergessen wir die Zeit. Um 21.00 Uhr trennen wir uns, Kurs Richtung Khartum, wo wir spät nach Mitternacht einlaufen.

Am nächsten Tag trennen sich Bernds und meine Wege. Er fährt weiter gen Süden, ich bleibe noch ein wenig in Khartum. Die Stadt hat keine alte Bausubstanz und kaum touristische Attraktionen. Sehenswert sind am ehesten noch die vielen kleinen Märkte, auf denen sich die Einwohner Khartums mit allem Notwendigen für den Alltag versorgen.

Den Tag verbringe ich damit, einen neuen Benzinfilter zu besorgen, was sich schwierig gestaltet, denn richtige Motorradläden gibt es nicht in Khartum. Schließlich kaufe ich einen Filter von einem Toyota Landcruiser und baue diesen ein. Der funktioniert genauso gut. In Afrika lernt man zu improvisieren.

Nachmittags mache ich auf dem Nil einen Segeltörn. Da ich beim Segelclub wohne, darf ich dessen Boote ausprobieren. Nach drei Stunden Halsen und Wenden gehe ich an Land. Jetzt aber schnell, denn heute Abend bin ich dran mit Abendessen kochen.

Einen Tag lang ruhe ich mich noch einmal ausgiebig aus, dann bin ich bereit für die nächste große Etappe. Die Straße nach Wad Medani finde ich in dem Straßenwirrwarr von Khartum relativ schnell. Später verfahre ich mich jedoch und lande abseits der eigentlichen Strecke. Querfeldein geht es zurück, und nach ein paar extra Schlenkern finde ich wieder den richtigen Weg.

Sehr langsam rolle ich dahin und genieße die Landschaft. Diese wird immer »afrikanischer«. Strohhütten am Rand der Straße und Kühe, die einen Fettbuckel haben, versperren mir manchmal den direkten Weg, aber ich umrunde sie gern.

In Gedaref braucht die Honda wieder Sprit. Der Tankwart ist sehr freundlich. Er bietet mir an, dass ich auf seiner Tankstelle campieren kann. Er bringt mir ein Bettgestell und stellt es direkt neben die Zapfsäule. Vom Motorrad direkt aufs Bett. Wieder etwas Neues auf dieser erlebnisreichen Reise.

Erst später am Abend erfahre ich die wirklichen Absichten meines Helfers: Er möchte gerne eine deutsche Frau kennen lernen und heiraten. Dabei soll ich ihm behilflich sein. Gerne sage ich ihm zu, denn ich kenne in Deutschland tatsächlich eine Frau, die einen schwarzen Partner sucht.

Über eine Schotterpiste erreiche ich schließlich die äthiopisch-sudanesische Grenze. Die Zollabfertigung auf beiden Seiten funktioniert reibungslos und zügig. Da soll noch einmal einer sagen, die Afrikaner würden träge und langsam arbeiten.

Kapitel 6

# Äthiopien – haarscharf am Knast vorbei

Äthiopien ist zunächst ein Schock. Die Situation zeigt sich ganz anders, als ich es bisher in Afrika erlebt habe. Die Bevölkerung ist bettelarm und sehr aufdringlich. Vermutlich leidet sie immer noch unter den wirtschaftlichen und sozialen Nachwirkungen des jahrelangen Bürgerkrieges, der dem Land blutige Wunden schlug und Abertausenden von Menschen das Leben kostete.

In einem kleinen Ort kurz hinter der Grenze trinke ich eine Flasche Coca-Cola. Sofort stehen etwa 50 Kinder mit großen Augen um mich herum. Sind sie bloß neugierig, weil sie selten ein Motorrad und einen Fremden sehen? Oder erwarten Sie, dass ich Ihnen etwas schenke? Da fünfzig Bittsteller mich auf jeden Fall überfordern würden, versuche ich es erst gar nicht herauszufinden.

Der Aufstieg in das äthiopische Hochland ist steil, steinig, staubig und anstrengend. Aber nach jeder Kurve wird die Fahrt mit spektakulären Ausblicken belohnt. Die Bergspitzen sind kahl, ihre Flanken mit saftig grünem Gras bewachsen. Hoch in den Bergen liegen Dörfer, deren Bewohner Viehzucht und Landwirtschaft betreiben. Jetzt weiß ich, warum Äthiopien das »Dach von Afrika« genannt wird. Es dämmert schon, und ich fürchte, ich muss mal wieder eine Nachtfahrt einlegen. Die letzten 30 Kilometer ist es bereits stockdunkel. Ich bin richtig glücklich, als die ersten Lichter von Gonder, der einstmaligen Hauptstadt des Kaiserreiches Abessinien, des heutigen Äthiopien, auftauchen. Seit dem 4. Jahrhundert zählt die Stadt zu den bedeutendsten Zentren der afrikanischen Christenheit.

Ich steige in der Pension »Belegez« ab. Hohe Mauern mit Stacheldraht und einem Metalltor sollen für die Sicherheit der ausländischen Gäste sorgen. Die Unterkunft ist ein reines Touristenhotel, die Angestellten sind die einzigen Einheimischen.

In der Nacht bekomme ich die Folgen der schlechten Hygiene zu spüren. Das kann ja heiter werden. Am nächsten Morgen geht es mir dementsprechend. Es wäre klüger im Bett zu bleiben. Aber gelobt sei, was hart macht: Ich absolviere das gesamte Besichtigungsprogramm, bestehend aus den sieben Kaiserpalästen, Bad und einer Kirche. Anscheinend tut mir die Bewegung in frischer Luft gut, denn langsam geht es mir besser.

So fahre ich auch noch zum Aussichtspunkt oberhalb der Stadt, dem »Goma-Hotel«. Im hoteleigenen Garten treffen sich die Liebespaare der Stadt, um ungestört den Blick auf die mehrere hundert Meter unter uns liegende Stadt zu genießen. Schade, dass ich an diesem romantischen Plätzchen alleine bin.

Zurück im Quartier, stellt sich wieder Appetit ein. Offensichtlich war diese Radikalkur das einzig Richtige. Am Abend kochen wir, fünf Deutsche und eine Engländerin, gemeinsam. Jeder bekommt eine Aufgabe zugewiesen. Ich bin eigentlich nicht gerade ein Kochenthusiast, aber in der Gemeinschaft macht es richtig Spaß.

Tags darauf habe ich Lust auf ein Abenteuer und unternehme die schrecklichste Busfahrt meines ganzen Lebens. Der Weg führt über 200 Kilometer auf fürchterlichen Behelfsstraßen nach Bahir Dar. Es staubt, der Bus schaukelt wie ein Boot auf dem Meer. Wir sitzen eng an eng wie die Heringe in einer Dose. Zu allem Überfluss habe ich nur einen Platz in der hintersten Reihe ergattert. Ob des endlosen Geschaukels übergeben sich die Menschen reihenweise in den Bus. Zwar halten sie sich frische Zitronenstücke unter die Nase, doch das scheint nicht zu genügen, um den Magen ruhig zu stellen.

Direkt neben mir erwischt es ein Kind. Niemanden außer mir scheint es zu stören, dass es seine verdreckten Hände anschließend an meiner Hose abwischt. Ich reiche ihm ein Taschentuch, und seine Augen fangen an zu glänzen.

Insgesamt dauert dieser Höllenritt, der nur durch ein einmaliges Umsteigen unterbrochen wird, sieben Stunden. Der Abend jedoch versöhnt mich mit dem Tag. Ich nehme ein Zimmer direkt am Tanasee. Für den nächsten Tag buche ich eine Bootstour auf dem See.

Ein Lagerfeuer wird entzündet, und wir Gäste lauschen dem Knistern der Flammen. Später lerne ich eine attraktive Studentin kennen: Kakaobraune Haut, braune Augen, strahlendes Lächeln. Wir gehen auf mein Zimmer, aber dann schicke ich sie weg. Die Vernunft und die Angst vor Aids haben gesiegt.

Was in Äthiopien sehr auffällt, ist der Gegensatz zum islamischen Sudan. Die Bevölkerung im Norden von Äthiopien hängt überwiegend dem Christentum an. Das abessinische Hochland ist geprägt von großer Frömmigkeit. Hunderte von Kirchen und Klöstern künden hier von der ehrwürdigen Geschichte des Glaubens. In einem Kloster auf einer Insel des Tanasees zeigt mir ein Mönch ein etwa 800 Jahre altes Buch, das in einem simplen Holzschrank untergebracht ist. Die aus Ziegenleder gefertigte bibliophile Rarität ist reich und bunt illustriert. Sie kündet vom Wirken eines Heiligen. Damit das alte Manuskript nicht durch die Sonnenstrahlen beschädigt wird, spannt ein Novize einen Regenschirm auf. So kann ich das Buch im Schatten bestaunen.

Verwundert schüttle ich den Kopf. Bei uns in Europa könnte man ein solches Kunstwerk wohl nur hinter Panzerglas in einem voll klimatisierten und gut bewachten Museum bewundern. Dafür wären die Wächter nicht mit Kalaschnikows bewaffnet wie die hiesigen Mönche. Doch der martialische Eindruck täuscht: Wenn nicht gerade Touristen vorbeischauen, leben die Mönche sehr friedvoll und spartanisch, ganz im Einklang mit der Natur.

Frauen hingegen fristen auf diesem Eiland ein sehr hartes Leben. Sie schleppen das Wasser in großen Tonkalebassen zu ihren Dörfern. Von der schweren Schufterei haben sie ganz runde Rücken. Auf der Rückfahrt zum Festland begegnen uns Fischer, die in altertümlichen Schilfbooten zum Fang hinausfahren. Ich bin erstaunt, dass sie nicht kentern, denn das Ganze ist eine ziemlich wackelige Angelegenheit.

Am Nachmittag fahre ich mit einem klapprigen Lkw zu den Wasserfällen des Blauen Nils. Dort regen mich die Kinder auf, die Geldgeschenke der Touristen als selbstverständlich und berechtigt ansehen. Ein solches Verhalten lässt mich an den Hilfsaktionen, derer Äthiopien seit Jahrzehnten bedarf, zweifeln. Haben sich die Einwohner inzwischen schon daran gewöhnt, dass die Weißen helfen? Wäre vielleicht mehr Hilfe zur Selbsthilfe angebracht? So aber verteilen irgendwelche Organisationen tonnenweise gratis Lebensmittel und Medikamente.

Im Bus zurück nach Gonder habe ich Glück und bekomme einen Platz im vorderen Teil des Fahrzeugs. Erstmalig wird mir von den Einheimischen etwas angeboten: Zuckerrohr zum Zerkauen, quasi als Bonbonersatz. Ich bin überrascht. Langsam fange ich an, meinen Aufenthalt in Äthiopien zu genießen.

Die Rückreise ist im Vergleich zur Hinfahrt fast eine Vergnügungsreise. Ich habe genügend Beinfreiheit und nette Leute, die mich begleiten. Unter diesen ist eine äthiopische »Heidi Klum«. Sie sitzt genau hinter mir, und so vergeht die Busfahrt wie im Fluge. Gewissermaßen als Kontrastprogramm liegt plötzlich ein toter Mann auf der Straße. Niemand kümmert sich darum. Leben scheint in Afrika eine andere Wertigkeit zu haben.

Zurück in Gonder, mache ich beim Abendessen meine erste Erfahrung mit »Injerra«, der äthiopischen Nationalspeise. Injerra ist ein säuerlicher, schwammiger und großer Teigfladen und dient als Beilage, Teller und Besteck zugleich. Zubereitet wird die Injerra aus dem äthiopischen Getreide Teff. Die winzigen Körner dieser Hirseart werden gemahlen, mit Wasser angesetzt und über mehrere Tage fermentiert. Der Teig wird aus einem langhalsigen Gefäß spiralförmig auf eine heiße Steinplatte, den Injerra-Ofen, gegossen. Die Fladen werden danach in flachen, runden Körben mit konischen Deckeln aufbewahrt und serviert. Die Injerra wird mit verschiedenen würzigen Soßen gereicht. Wer sie isst, pflückt ein Stückchen des Fladens vom Rand ab und pickt damit, zwischen Daumen, Zeige- und Mittelfinger gehalten, die Fleisch- oder Gemüseteilchen aus der jeweiligen Soße.

Ganz besonders liebevolle Personen füttern sich gegenseitig, »Guschern« nennt man das. Alles geschieht möglichst mit der rechten Hand, für deren Wäsche vor und nach dem Essen ein Wasserkrug, Seife und eine Schüssel herumgereicht werden.

Am folgenden Morgen warte ich auf Pierre, einen Franzosen und ehemaligen Militärausbilder, mit dem ich mich zum Wandern verabredet habe. Um die Zeit sinnvoll zu nutzen, nehme ich mir den Vollbart ab, den ich mir in den letzten Wochen habe wachsen lassen. Zuerst suche ich nach einem Friseur, finde aber keinen, der mich nass rasieren will. Begründung: Die Aids-Gefahr sei zu groß. Aids! Dieses Wort hört man an jeder Ecke. Kein Wunder bei einer Quote von über 40 Prozent Infizierten an der Gesamtbevölkerung. Schließlich entdecke ich einen Barbier, der ein neues Messer für mich einspannt, und so sind sechs Wochen Kunstwerk in 15 Minuten verschwunden. Vollbärte sind einfach nichts für mich.

Frisch rasiert, breche ich gemeinsam mit Pierre und Florian, einem Deutschen, den ich aus dem Blue Nile Sailing Club in Khartum kenne, zu einer dreitägigen Wanderung in den Nationalpark »Simien Mountains« auf. Der Weg ist wunderschön, aber auch außerordentlich anstrengend. Unser Fußmarsch soll uns von Ras Buyit über Sankaber nach Geech-Chenek führen.

Am ersten Tag marschieren wir »nur« vier Stunden. Es geht immer in eine Richtung – nämlich steil nach oben. Im Camp angelangt, müssen wir uns beeilen, denn wir kochen selbst, und es wird schon dunkel. Ein kräftiger Wind pfeift auf dem Hochplateau. Wir haben Schwierigkeiten, das Zelt aufzubauen und müssen aufpassen, dass das Ding nicht zu Tal fliegt.

Bei dieser Wanderung im äthiopischen Hochland bewegen wir uns ständig auf ca. 3.000 bis 4.000 Metern. Immer wieder haben wir atemberaubende Ausblicke in die Täler. Irgendwie erinnert mich die Landschaft mit ihrer über tausend Meter tiefen Abbruchkante an den Grand Canyon.

Unterwegs sehe ich erstmalig frei lebende Affen, Bamboos genannt, und ein Rudel Steinböcke, die man Ibexs nennt. Darüber bin ich besonders erfreut, denn mein Sternzeichen trägt auch das gehörnte Tier.

Der dritte Wandertag ist der anstrengendste. Wir überwinden zwei Mal 400 Meter Höhenunterschied. Unsere Führer nehmen mehrfach Abkürzungen, die Zeitersparnis bringen sollen. Dafür sind die Strecken dann aber um so steiler. Schwindel und Übelkeit stellen sich bei mir ein. Offensichtlich habe ich einen leichten Anfall von Höhenkrankheit. Wir sind alle froh, als wir wieder absteigen können. Im Camp entscheiden wir, dass wir nicht zu Fuß zurückgehen, sondern uns fahren lassen werden.

Diese Rückfahrt zu unserem Ausgangspunkt nach Debark wird ein typisch afrikanisches Abenteuer. Es gibt nur einen Lkw täglich, der die Strecke durch die Berge befährt. Mit Menschen und Tieren sind wir auf der Ladefläche zusammengepfercht. Ich sehe einige Männer in Handschellen. Ja, Gefangene werden hier auch mitgenommen, um zum nächsten Gefängnis gebracht zu werden. Am Ende gibt es noch Streit wegen des überhöhten Fahrpreises. Schließlich kommt die einheimische Polizei und schlichtet.

Gut erholt rüste ich mich für eine spezielle Passfahrt: Vor mir liegt der über 3.000 Meter hohe Wolkefit-Pass. Fast nur im ersten Gang fahrend, erreiche ich nach einer Stunde das Tekeze-Tal. Die Strecke ist phänomenal schlecht, sie scheint nur aus feinem Staub zu bestehen. Hier den Lenker in der Spur zu halten ist eher Glückssache. Links und rechts säumen ausgebrannte und verrostete Panzerwracks den Weg; stumme Monumente des Bürgerkrieges, der 1992 mit der Unabhängigkeit der Provinz Eritrea endete.

Kurz vor Dunkelheit erreiche ich Axum. Dort erlebe ich zum ersten Mal in meinem Leben eine Kaffeezeremonie. Ich lasse mich auf einem Teppich von frisch gerupftem Gras nieder. Meine Hotelwirtin, eine 60 Jahre alte, äußerst herzliche Frau, sortiert sorgsam die grünen Kaffeebohnen, um sie zu waschen. Danach gibt sie die Bohnen auf eine heiße Metallplatte und röstet sie schwarz-braun. Eine Prise Weihrauch in die Glut, den sie mir zur Einstimmung zufächert. Eine solche Zeremonie ist ja nicht nur zum Trinken, sondern auch zum Schauen und Riechen da.

Nun kippt sie die Bohnen in einen großen Holzmörser, und ihre Tochter fängt rhythmisch an die Bohnen zu stampfen. Eine »Jabana«, eine kugelige Tonkanne mit Wasser, wird auf das Feuer gesetzt und das gemahlene Kaffeepulver dazugegeben. Die Mischung muss einige Minuten ziehen. Danach werden die kleinen Mokkatässchen gefüllt. Das Tablett kreist in der Runde. Ganz nach der Tradition wird der Kaffee dreimal aufgebrüht und bei jedem Mal ein wenig schwächer.

Die Kaffeezeremonie ist ein äußerst wichtiges und soziales Ereignis in Äthiopien. Die Belegschaft meines Hotel unterbricht für etwa eine Stunde sogar die Arbeit. Danach geht es umso emsiger weiter.

Axum, wo ich ein paar Rasttage einlege, ist eine sehr alte und geschichtsträchtige Stadt. Sie wird auch »Die Mutter aller Städte Äthiopiens« oder »Das Rom Äthiopiens« genannt. Die urbane Ansiedlung war vom 1. bis zum 8. Jahrhundert nach Christus die Hauptstadt des gleichnamigen Reiches. Hier residierte der »Negus Negesti«, der König der Könige, also der Kaiser Äthiopiens. Natürlich schaue ich mir die Ruinen dieser Epoche an: den Stelenpark, Königsgräber, Palastruinen und den Löwen in Stein.

Irgendwann beginnt meine Kopfhaut fürchterlich zu jucken. Immer wieder muss ich mich kratzen. Sollte ich mir etwa ...? Eine kurze Kontrolle meines Schädels, die ich in aller Heimlichkeit vornehme, bestätigt meinen Verdacht: Irgendwo muss ich mir Haarflöhe eingefangen haben, vermutlich auf der beengten Fahrt im Bus. Nun ist guter Rat teuer. Flohmittel habe ich weder bei mir noch lässt es sich in Axum auftreiben.

Schließlich verfalle ich auf eine radikale, aber effektive Methode. Ich lasse mir erneut eine Glatze scheren. Nun habe ich Ruhe vor dem lästigen Ungeziefer. Ein Arzt, den ich vorsichtshalber konsultiere, rät mir meine Wäsche warm anstelle kalt zu waschen. Normalerweise ist dies in Äthiopien nicht üblich.

Die Wäsche wird von Hand gewaschen, das notwendige Wasser aus einem Fluss, See oder aus dem Brunnen geholt.

Am nächsten Abend überkommt es mich: Ich will endlich mal wieder eine ordentliche Portion Fleisch auf dem Teller haben. In den letzten Wochen war es schwierig, an Fleisch heranzukommen, denn wir befinden uns in der Fastenzeit. Und im christlichen Norden wird diese sehr streng eingehalten. Die kleinen Restaurants folgen der religiösen Tradition und bieten keine Fleischgerichte an. Also gehe ins »Yeha-Hotel«, das für westliche Touristen betrieben wird. Hier bekomme ich endlich Fleisch satt serviert und genieße jeden Bissen dieser Rarität. Am letzten Märztag besuche ich in der Nähe von Axum den Tempel von Yeha, der dem Mondgott geweiht ist. Das ist die älteste Ausgrabungsstätte der Region.

Auf der Weiterfahrt in den Norden Äthiopiens wird zum ersten Mal während meiner Afrika-Reise der Sprit knapp. Benzin ist hier oben nämlich fast nur auf dem Schwarzmarkt erhältlich. Dort kostet es doppelt so viel wie im Rest des Landes. Natürlich vertraue ich auf mein Glück. Außerdem bin ich zu sparsam, um diesen Wucher zu unterstützen. Prompt bleibe ich zwischen Axum und Adigrat mit leerem Tank liegen. Ich habe mich verkalkuliert.

Zum Glück kommt ein einheimischer Motorradfahrer vorbei, der mit seinem deutschen Kameraden Mitleid hat. Er zieht den Gummischlauch ab und füllt einen Liter Sprit in eine PET-Flasche ab. Mit Ach und Krach erreiche ich so die nächste Ansiedlung. Dort in Intichio darf ich kostenlos im Hotel Mittagsschlaf halten. Der Hotelier gibt mir für ein paar Stunden eines seiner Zimmer. Währenddessen treibt ein Hotelangestellter fünf Liter Benzin für mich auf. Der Sprit ist in Plastikflaschen abgefüllt. Klar ist der Kraftstoff auch hier viel zu teuer. Aber ich habe jetzt keine andere Wahl.

Auf der Fahrt nach Debre Damos, zum ältesten Kloster Äthiopiens, mache ich einen kleinen Ausflug in den Straßengraben. Ein Lkw, der an der Straße parkt, irritiert mich. Ich verreiße den Lenker nach rechts, lande im Graben, schaffe es aber trotzdem, wieder auf die Straße zu gelangen. Mein erster richtiger Fahrfehler nach etwa 1.000 Kilometer Schotter – das lässt sich verkraften.

Das Kloster Debre Damos liegt auf einem Felsplateau ca. 15 Meter über dem Niveau der umgebenden Landschaft. Um es zu erklimmen, muss ich mir ein Lederseil um die Brust binden. Dann werde ich von den Klosterbewohnern nach oben gezogen. Im Kloster umgibt mich eine andere Welt: Frauen sind hier nicht zugelassen. Die einzigen weiblichen Bewohner des Plateaus sind Hühner.

Frommer Mönchsgesang tönt aus der 500 Jahre alten Kirche. Wasser gibt es nur aus einer jahrhundertealten Zisterne. Ich bin tief beeindruckt. Wohl etwas zu sehr, so dass ich beim Abseilen von dem Kloster aus sieben Meter Höhe abstürze. Mein Schutzengel scheint glücklicherweise nicht geschlafen zu haben: Ich bekomme nur ein paar Prellungen ab, eine Schürfwunde am Kopf und gewaltige Brandblasen an den Händen.

Ich humpele zum Motorrad, suche nach Jod und bitte einen alten Mönch, mir ein wenig auf meine Wunden zu kippen. Auf diesen Schreck trinke ich Wasser aus meiner Plastikflasche. Als ich sie absetze, wird sie mir sogleich aus den Händen gerissen. Mein Gott, sind diese Menschen arm. Sie prügeln sich sogar um eine leere Flasche.

Weiter geht es Richtung Adigrat. Etwa 15 Kilometer vor der Stadt bleibt meine Africa Twin schon wieder liegen. Was ist los? Keine Ahnung. Sofort halten ein paar sehr freundliche Männer mit einem Ford Transit an und wollen mir helfen, das Motorrad zu bergen. Da ihr Wagen jedoch voll mit Zwiebeln und Medikamenten bepackt ist, bekommen wir die Honda trotz gemeinsamer Bemühungen nicht auf die Ladefläche. Als wir nach dreißig Minuten aufgeben, springt sie plötzlich wieder an. So schaffe ich es an diesem Tag doch noch bis Adigrat.

Zum Glück, denn am nächsten Morgen machen sich die Folgen meines Sturzes schmerzhaft bemerkbar. Anscheinend sind die Prellungen doch schwerer als ich zunächst angenommen habe. Ich kann meine Füße und Beine kaum bewegen. Es tut einfach zu weh. So bleibe ich für zwei Tage in meinem Hotelbett und verschlinge ein Buch nach dem anderen. Erst am dritten Tag bin ich wieder fahrbereit. Mein Krankenlager wird durch viele Kaffeezeremonien und leckere Fleischmahlzeiten versüßt. Außerdem lerne ich ein junges Mädchen kennen. Wir finden uns gegenseitig sympathisch. Mehr läuft allerdings nicht. Denn ich will nicht, dass sie das Gefühl hat, sitzen gelassen worden zu sein, wenn ich weiterreise.

Den ersten Fahrtag nach meinem Klostersturz gestalte ich absichtlich kurz. Ich spüre in allen Knochen, dass ich noch nicht hundertprozentig wieder hergestellt bin. So nutze ich die Zeit und besuche in Wukro die Felsenkirche Kirkos. Um die Kirche ranken sich viele Legenden. So heißt es, Maria, die Mutter Jesu, habe auf ihrer Flucht aus Ägypten dort drei Monate und zehn Tage gerastet. Weitaus spannender ist das Gerücht, dass in der Kirche die verschollene Bundeslade versteckt gehalten werde. Ein Gerücht, das immer wieder Abenteurer und Gelehrte anzieht.

Nach der Besichtigung zeigt der Lenker gen Süden in Richtung Mekele. In Mekele mache ich mit dem »Axum-Hotel« ein kleines Geschäft: Ich bekomme 20 Prozent Rabatt auf das Zimmer und ein T-Shirt, dafür trage ich Werbung für das Hotel. Es ist das erste und einzige Mal auf meiner ganzen Afrikareise, das ich in einem Vier-Sterne-Hotel nächtige. Dabei kostet es mich nur 18 US-Dollar. Abends gehe ich in die hauseigene Sauna und speise köstlich am Büfett. Ich lasse es mir richtig gut gehen, denn die Folgen vom Sturz sind immer noch nicht ganz überwunden.

In der Stadt fallen mir die vielen Kamelkarawanen auf, die aus der Danakil-Senke kommen. Es würde mich reizen, dieses trockene Wüstengebiet, das unweit vom Roten Meer liegt, zu besuchen. Aber im Augenblick ist nicht daran zu denken. Vielleicht klappt es später oder auf meiner nächsten Afrika-Reise?

Das Hotelzimmer soll sich richtig lohnen, also schlafe ich mich am folgenden Morgen gut aus. Dann gehe ich zu Yordano's, das ist ein schönes italienisches Restaurant. Auch dort lasse ich es mir für umgerechnet etwa fünf Euro am Büfett schmecken. So gestärkt fahre ich weiter.

Auf der Schotterstraße fängt es plötzlich an heftig zu regnen. Ich habe Mühe, den Berg herunterzukommen, ohne ins Rutschen zu geraten. Durchnässt stoppe ich in irgendeinem Kaff und trinke zur Erwärmung Tee. Nach der Rast geht es weiter nach Maychew. Dort beziehe ich ein Zimmer in einem Hotel der unteren Preisklasse, das durch seine Einrichtung, Sauberkeit und den freundlichen Service besticht.

Der Hotelier schenkt mir einen so genannten Hosianna-Ring, den er selbst aus Bambus geflochten hat. Diese Ringe überreicht man in Äthiopien Menschen, die man für liebenswürdig hält. Wieder eine dieser freundlichen Gesten, die mich in Afrika angenehm überraschen. Etwas Ähnliches würde man in Europa wohl kaum erleben.

Die Weiterfahrt verläuft ohne größere Komplikationen. Einmal verpasse ich den Einstieg auf die Straße Ayub – Lalibela. In Kobbo frage ich nach dem richtigen Weg, und muss neun Kilometer zurückfahren. Dabei stoße ich auf einen Autobus, der gerade ein Kamel totgefahren hat. Wildwechsel auf afrikanisch und kein schöner Anblick.

Der Weg nach Lalibela ist sehr einsam. Kein Auto begegnet mir. Ungefähr fünfzig kleine Bäche kreuzen den Weg. Während ich über die schwierige und steinige Piste holpere, überlege ich, was wohl passieren würde, wenn mir hier etwas zustieße. Rasch verdränge ich diese trüben Gedanken. Vorsichtshalber schicke ich ein Stoßgebet zum Himmel: »Lieber Gott, bitte keine Panne, keinen Regen und keinen Unfall.« In Afrika, so heißt es, wird jeder Motorradfahrer fromm.

Offensichtlich hat der Himmel ein Einsehen, denn ich erreiche Lalibela ohne Platten und Karambolage. Außerdem bin ich unterwegs nicht nass geworden. Vielleicht liegt es auch daran, dass die Stadt den Beinamen »Neu-Jerusalem« trägt. Sie ist eine heilige Stadt und zählt zu den wichtigsten Wallfahrtsorten des christlichen Äthiopiens. Weltberühmt ist Lalibela für seine elf, in roten Tuffstein gehauenen, monolithischen Kirchen. Diese stammen aus dem 12. Jahrhundert. Unter Führung eines Dekans komme ich nicht umhin, sie zu besichtigen. Ein Muliritt den Berg hinauf zu einem Kloster vervollständigt das Besuchsprogramm.


Doch alle Gebete und Kirchenbesuche nützen nichts: Heute wird der schwärzeste Tag meine Reise. Schon der Morgen beginnt schlecht: Ich falle mit dem Motorrad bei langsamer Geschwindigkeit um und beschädige ein Schild, das gerade am Straßenrand von einem Schmied zusammengeschraubt wird. Gegen Zahlung von 20 Birr, das sind ca. zwei Euro, ist die Sache erledigt.

Ab Kombolcha fängt es an zu regnen. Ich halte kurz, bekomme zwei Tee spendiert und fahre weiter. Noch innerhalb der Stadtgrenze passiert es: Mit knapp 50 Stundenkilometer rolle ich dahin, als sich plötzlich aus einer Gruppe Einheimischer ein Mann löst und mir direkt ins Motorrad läuft. Keine Chance zu bremsen. Ich stürze und schlittere samt Motorrad 30 Meter über den Asphalt.

Mühsam komme ich wieder auf die Beine. Der Äthiopier blutet stark am Kopf. Sein ganzes Gesicht ist blutverschmiert. Er stöhnt fürchterlich und scheint schwer verletzt zu sein. Was wohl mit mir geschieht, wenn er stirbt, schießt es mir durch den Kopf. Bilder von dunklen, überfüllten, überhitzten Gefängniszellen, mangelhafter Ernährung, Ratten und Folter huschen durch mein Gehirn. Ich stehe unter Schock.

Die herbeieilenden Passanten ignorieren mich völlig. Für sie zählt nur ihr Landsmann. Ich hingegen werde mit bösen Blicken, unverständlichen Schimpfworten und Drohgebärden bedacht. Als ich mein Motorrad aufheben will, umringen sie mich und halten mich fest. Das Motorrad bleibt auf der Straße liegen, Benzin läuft aus dem Tank auf den Asphalt. Doch das interessiert niemanden.

Die ganze Situation kommt mir komplett surreal vor. Ich befinde mich alleine in einem fremden Land und weiß nicht, wie ich mich in dieser Extremlage verhalten soll. Kein Mensch versteht mich, niemand kann oder will Englisch sprechen. Als ich kurz vor dem Verzweifeln bin, hält ein Lastwagen. Der Fahrer nimmt mich mit zur Polizei. Unterwegs erzählt er mir die schaurigsten Geschichten von Unfällen, in die er selbst schon verwickelt war.

Auf der Polizeistation wird das Geschehen handschriftlich protokolliert. Da ich einsehe, dass ich alleine kaum aus dieser Lage herauskomme, rufe ich die deutsche Botschaft in Addis Abeba an. Dort empfiehlt man mir einen Anwalt.

Nach einigen Telefonaten erreiche ich einen Advokaten, der bereit ist, die geforderte Kaution zu stellen. Die Polizei ist nämlich nur gegen Zahlung von 300 Euro bereit, mich gehen zu lassen. Da die Haftpflichtversicherung des Motorrades in

Äthiopien nicht mehr gilt, werde ich das wohl aus eigener Tasche bezahlen müssen.

Die Kaution soll schriftlich durch ein Fax vom Rechtsanwalt bestätigt werden. Das Fax kommt zwar an, doch ist der Raum mit dem Faxgerät abgeschlossen. Den Schlüssel hat die Putzfrau, die erst morgen wieder erscheint. Die Polizisten wollen mich deshalb dabehalten. Ich soll in einer Gefängniszelle übernachten. Doch ich habe Glück: Die Zelle ist voll gestellt mit Gerümpel, und so darf ich im Hotel nebenan schlafen.

Morgens wird das Fax gelesen, alles ist soweit in Ordnung, ich darf weiterfahren. Am späten Nachmittag erreiche ich mit weniger als einem Euro in der Tasche Addis Abeba, die Hauptstadt Äthiopiens. Die Stadt, deren Name soviel wie »Neue Blume« bedeutet, liegt auf 2.200 bis 3.000 Meter Höhe. Sie ist nach La Paz in Bolivien und Quito in Ecuador die am dritthöchsten gelegene Hauptstadt der Erde und hat etwa 3,5 Millionen Einwohner.

Auch wenn die Osterfeiertage vor der Türe stehen, ist mir nach meinem Unfall wenig feierlich zumute. Ich bin deprimiert, denn ich habe Angst, dass mein Unfallopfer stirbt. Am liebsten würde ich die ganze Reise abbrechen und nach Hause fahren. Warum tue ich mir das alles überhaupt an? Einpacken und aufhören wäre jetzt das Einfachste. Aber eigentlich bin ich nicht der Typ, der gleich aufgibt. Jede Reise hat nun mal ihre Tiefpunkte. Auch die gehören dazu. Außerdem habe ich schon beinahe die Hälfte der Strecke geschafft, und südlich von Nairobi sollen die Verhältnisse besser werden.

Ein Freund aus Deutschland, der die gleiche Reise ein Jahr zuvor machte, spricht mir per Internet Mut zu. Er kann meine Situation bestens verstehen, denn ihm passierte damals genau dasselbe.

Während der Ostertage besuche ich das äthiopische Nationalmuseum und den Mercato, den angeblich größten Marktplatz des afrikanischen Kontinents.

Vom 3.200 Meter hohen Berg Entoto, dem Hausberg von Addis Abeba, habe ich einen tollen Blick über die ganze Stadt. Aber all das kann mich im Augenblick nicht wirklich begeistern.

Ich behebe die Schäden, die meine Honda und meine Kleidung bei dem Sturz erlitten haben. Nur auf die neue Benzinpumpe, die ich in Gonder bestellt habe, muss ich immer noch warten.

Am Ostermontag hat mein Anwalt endlich einen Termin für mich. Als er mich in sein Büro bittet, lautet meine erste Frage: »Lebt der Verletzte noch?« Mir fällt ein Stein vom Herzen, als der Anwalt bestätigt, das Unfallopfer sei bereits am Donnerstag aus dem Krankenhaus entlassen worden.

Überglücklich verlasse ich sein Büro. Aufgrund des guten Ausgangs dieser bösen Geschichte lade ich mich selbst zu einer Schwarzwälder Kirschtorte in eine Konditorei ein. Jetzt gelingt es mir wieder klar zu denken und den Unfall differenzierter zu sehen. Er war absolut nicht meine Schuld. Ja, ich bin nahezu sicher, dass der Äthiopier das Ganze nur veranstaltet hat, um Schadensersatz zu kassieren. Denn sein Freund, der neben ihm stand, sah mich und meine Maschine und machte keine Anstalten, meinen Unfallgegner zu warnen oder zurückzuhalten.

Als ich dann noch am gleichen Tag das Visum für Kenia bei der kenianischen Botschaft geschenkt bekomme, steht fest: Ich werde weiterfahren!

Mein morgendliches Ritual in Addis Abeba ist das Frühstück an einer MOBIL-Tankstelle, dort gibt es westliche Speisen und guten Kaffee. Die Tankstelle wird von Loulit betrieben. Die elegant gekleidete, resolute Mutter von vier Kindern spricht perfekt Deutsch, da sie längere Zeit in Deutschland gelebt hat.

Loulit zeigt mir allerhand in Addis Abeba. Die Straßen der Stadt sind staubig und schmutzig. Straßenkehrerinnen mit Strohhüten sind unterwegs, um Abhilfe zu schaffen. Wir gehen zu einem deutschen Arzt, der sich meine Hand anschaut, die beim Unfall gestaucht wurde und stark schmerzt. Der Mediziner gibt mir eine Kortisonspritze. Daraufhin wird es besser. Dann zeigt mir Loulit Seram, ein Ausbildungsprojekt von Schweizern. Hier wird jungen Äthiopiern ein Einblick in die eidgenössische Küche gewährt. Es gibt sogar Spezialitäten, wie das berühmte Bündner Fleisch.

Zwar warte ich immer noch auf die neue Benzinpumpe, da meine Maschine aber fährt, beschließe ich einen Ausflug zu machen. Die Fahrt nach Shashemene führt über eine Teerstraße, die zu den besten zählt, die ich in Äthiopien befahren habe. Unterwegs besuche ich Wendo Genet, einen geschützten Urwald. Hier wimmelt es von Vögeln der unterschiedlichsten Arten. Ein Bad in der heißen Quelle von Wendo Genet ist eine gelungene Abwechslung.

In Awasa, das am Rande des gleichnamigen Sees liegt, finde ich Quartier in einem Angestelltenhotel, das hinter einer Luxusherberge liegt. Diese hätte pro Nacht 30 Euro gekostet. Für meine Bleibe hingegen bezahle ich nur acht Birr, das sind etwa 80 Euro-Cent.

Am nächsten Tag fahre ich weiter nach Goba. Dort bin ich mit Kinde verabredet, einem Äthiopier, der sich für den Aufbau einer Schule einsetzt. Den ganzen Tag holpere ich über eine Schotterpiste. Zu allem Überfluss regnet es in Strömen. Mehrfach muss ich mich bei Einheimischen unterstellen. Der Untergrund wird immer schwerer und undurchdringlicher.

Ich bin froh, als mich Kinde in seine Arme schließt. Todmüde falle ich an diesem Tag ins Bett. 244 Kilometer habe ich heute hinter mich gebracht, eigentlich nicht viel. Wenn man allerdings die Rahmenbedingungen ansieht: respektabel.

Von Goba aus fahren Kinde und ich auf das Zanetti-Plateau, das in dem 2.600 Quadratkilometer großen Nationalpark der Bale Mountains liegt. In diesem Nationalpark befindet sich der höchste Punkt, den ich mit meinen Motorrad in Afrika anfahre. Mein Gefährt hat Schwierigkeiten, den Gipfel des Tulu Deemtu zu erklimmen. Mit 4.377 Metern ist er die höchste Erhebung des südlichen Äthiopien. Unterwegs sehe ich den Simien Fox, einen roten äthiopischen Fuchs und viele andere Tiere wie Warzenschweine und Rehe.

Vom Plateau schlängeln wir uns über eine Dschungelstraße in die Ebene hinab. Hier soll es Leoparden und Elefanten geben. Unsere Pirsch durch den Wald bleibt allerdings erfolglos. Es beginnt zu dämmern. Wir hören in der Ferne einen Wagen heranröhren. Um die Ecke biegt ein alter Land Rover Defender von der Frankfurter Zoologischen Gesellschaft. Er wird gelenkt von Alistar, einem Südafrikaner. Alistar gibt meinem Sozius Asyl, so dass ich auf der Rückfahrt Rallye Paris-Dakar spielen kann. Drei Stunden lang brause ich nonstop über die Schotterpiste – ohne jegliches Zusatzgewicht eine Riesengaudi.

Unseren nächsten Ausflug unternehmen wir mit dem Bus. Eine muslimische Schulklasse nimmt uns in ihrem Schulbus mit. Sechs Stunden dauert die Fahrt von Goba nach Sof Omar, das für seine Höhlen bekannt ist. Es sind die größten Erosionshöhlen der Erde.

Hier im Westen spürt man die Nähe des Nachbarlandes Somalia. Wir sind im tiefsten Ogaden. Die vielen Kamele und die Kleidung der Menschen erinnern uns daran, dass dieser Landstrich ethnisch und kulturell zu Somalia gehört.

Wir wandern zunächst über den Markt. Dort gibt es handgearbeitete Kalebassen für die Ziegenmilch, Honig von wilden

Bienen, sowie jede Menge Ziegen und Hühner zu kaufen. Der Lehrer ersteht zwei Ziegen, die später geschlachtet und gegessen werden sollen – Schulspeisung auf afrikanisch. Dann besichtigen wir die 16 Kilometer langen, spektakulären Höhlen.

Anschließend genieße ich es, am Ufer des Flusses Weyb zu liegen und zu relaxen. Die beiden Ziegen werden geschlachtet und gegrillt. Es ist das frischeste Fleisch, das ich je in meinem Leben gegessen habe. Müde aber zufrieden begeben wir uns schließlich auf die strapaziöse Rückreise, auf der sich der Bus mehrfach festfährt.

Nach der Besichtigung des Schulprojekts, welches von Kinde geleitet wird, verlasse ich am nächsten Tag Goba und fahre zur Dinsho-Lodge, die etwa 50 Kilometer Richtung Westen liegt. Dort treffe ich Alistar wieder und werde zum Abendessen bei offenem Kaminfeuer eingeladen.

Zur Abwechslung begebe ich mich am folgenden Morgen auf Schusters Rappen und wandere durch den Bale Mountains Nationalpark zu einer Stelle, wo man angeblich den seltenen Simien Fox sehen kann. Natürlich bekomme ich keinen zu Gesicht und bin entsprechend enttäuscht. Wie ich später erfahre, liegt das vermutlich daran, dass erst kürzlich eine Tollwutepedemie deren Bestand drastisch reduziert hat.

Die Rückfahrt nach Addis Abeba am 28. April wird eine regelrechte Schlammschlacht. Durch den Regen des Vortages ist die Piste etappenweise völlig aufgeweicht. Dort kann ich nur ganz vorsichtig mit 20 Stundenkilometern dahinrollen. Häufig muss ich meine Beine als Stützräder einsetzen. Am Abend, nach über acht Stunden im Sattel der Honda, komme ich total erschöpft an meinem Tagesziel an, dem »Bel Air Hotel« von Addis Abeba.

Kapitel 7

# Äthiopien – die Danakil-Senke, des Teufels Backofen

Die nächsten drei Tage nutze ich, um die Expedition ins Afar-Dreieck vorzubereiten, die ich mit den Israelis Ron, Barak und Adwa unternehmen will. Das Afar-Dreieck, das auch als Afar-Region bezeichnet wird, ist ein Teil des großen Afrikanischen Grabenbruchs. Es ist ca. 750 Kilometer lang und 500 Kilometer breit. Die Danakil-Senke liegt bis zu 125 Meter unter dem Meeresspiegel und ist bekannt für ihre extreme Hitze, die in den Mittagsstunden über 50 Grad Celsius erreichen kann. Sie zählt zu den heißesten und trockensten Regionen der Erde.

Gesättigt durch ein opulentes Frühstück im Raizel-Café, brechen wir am 2. Mai auf. Die drei Israelis in ihrem Jeep, ich auf der Africa Twin. Zunächst wollen wir uns den Awash Nationalpark ansehen. Der Park, der sich durch seine landschaftliche Einzigartigkeit und Schönheit auszeichnet, wurde 1966 gegründet. Motorräder sind dort nicht zugelassen, deshalb steige ich kurz vor dem Parkeingang auf Baraks Jeep um.

Nach der Besichtigung des Parks fahren wir weiter, bis unsere erste Etappe an Quellen endet, deren Wasser rund 40 Grad warm ist. Natürlich nutzen wir die Gelegenheit zu einem ausgiebigen Erholungsbad, dessen romantischer Charakter durch die idyllische Umgebung mit ihren blühenden Krokussen noch unterstrichen wird. Dabei stören uns die Krokodile nicht, die in der Nähe herumlungern.

Mit meinem Motorrad darf ich aus militärstrategischen Gründen die Brücke über den Fluss Awash nicht überqueren. Was also tun? Nach einigen Überlegungen halten wir einen Tieflader an. Ähnlich dem Stuntman Colt Seavers nehme ich über einen schmalen Sandhaufen Anlauf und lande auf der Ladefläche des Lkw, der mich über die Brücke mitnimmt.

Von Gewane, das wir am nächsten Tag erreichen, geht es weiter nach Semera, die neue Hauptstadt der Afar-Region. Ja, die Region Afar ist nicht nur eine geologische Erscheinung, sondern auch eine äthiopische Provinz, die zum größten Teil von der Nation der Afar bewohnt wird. Weltweite Beachtung fand das Gebiet im Jahr 1974, als dort die Reste eines 3,18 Millionen Jahre alten weiblichen Urmenschen der Gattung Australopithecus afarensis gefunden wurden. Bekannter als unter diesem Fachterminus wurde der Fund unter seinem Spitznamen »Lucy«. Diesen Namen erhielt das Skelett, weil sein Entdecker Donald Johanson in dem Moment gerade den alten Beatles-Song »Lucy in the sky with diamonds« hörte. Heute ist die älteste Frau unseres Planeten im Nationalmuseum von Addis Abeba zu bewundern.

Semera selbst ist eine Stadt ohne jede Geschichte und Tradition und bleibt mir in wenig guter Erinnerung. Sie ist ein offensichtlich in einem Architektenbüro ersonnener, völlig steriler Ort, der mir unwirklich vorkommt. Geprägt wird er durch ein Fußballstadion, Bürobauten und ein großes Museum über die

Kultur der Afar. Ich bin leicht gereizt, was wohl auch daran liegt, dass es ständig heißer wird. Immerhin wird uns die Genehmigung zur Durchquerung der Danakil-Senke von der zuständigen Behörde sofort erteilt.

Nach einem kurzen Kriegsrat beschließen wir, direkt auf dem weitläufigen Gelände der Behörde zu schlafen. Denn wir wollen schon in der Nacht weiterfahren, dann ist es deutlich kühler, und wir sind schon mittags am Ziel. Um drei Uhr morgens starten wir.

Die Fahrt entpuppt sich als Strapaze. So extrem habe ich mir das Ganze gewiss nicht vorgestellt. Wir sind unterwegs in Richtung Norden. Als ich einmal auf meine vierrädrige Nachhut warten muss, verstecke ich mich in einer Kanalröhre, um den brennenden Sonnenstrahlen zu entgehen. Denn kein Baum ist zu sehen, der Schatten spenden könnte. Die Fahrt führt durch die reinste Mondlandschaft. Ich bin heilfroh, als wir gegen Mittag bereits unser Tagesziel, den Ort Afrera, erreichen. Bei der Ankunft gieße ich mir einen ganzen Eimer Wasser über den Kopf, was bei den Einheimischen schallendes Gelächter auslöst.

Der Anblick des Afrera-Sees entschädigt für die Strapazen der Fahrt. Sein Wasser leuchtet türkisblau. Ein Anblick wie auf einer Urlaubspostkarte. Es ist so schön, dass man es kaum für möglich hält. Nach einem ausgiebigen Bad in dem Salzsee campieren wir auf dem Gelände einer Polizeistation. Wir schlafen in dieser Nacht unter freiem Himmel.

Am nächsten Tag soll es weiter nach Dodum gehen. Der Polizeihauptmann will uns aber nicht gehen lassen, da die Straße gesperrt ist. Sie sei, wie er uns erklärt, durch eine Überschwemmung unpassierbar geworden. Wie bitte? Ich kann mir kaum vorstellen, wie uns hier mitten in der Wüste das Element Wasser gefährlich werden sollte. Schließlich geben wir vor, zum Baden im Süßwasser zu fahren. Auch willigen wir ein, einen Führer mit an Bord zu nehmen. Klar, dass wir in Wirklichkeit andere Pläne haben.

Gegen Mittag stoßen wir auf ein Überschwemmungsgebiet. Die Überflutung rührt von den starken Regenfällen der letzten Tage her. Da wir hier nicht so richtig weiterkommen, umfahren wir diese Stelle. Die Reise geht über ein Lavafeld. Die spitzkantigen Steine sind eine Gefahr für unsere Reifen, daher brauchen wir einen ganzen Tag.

Habib, unser örtlicher Führer, scheint sich in dieser Gegend nicht richtig auszukennen. Er muss einen anderen einheimischen Guide engagieren, der mit dem Gebiet besser vertraut ist. Mitten in der Nacht erreichen wir Dodum.

Dieser Tag war der heißeste, den ich bisher in Afrika erlebt habe: Gegen Mittag zeigte das Thermometer 51,9 Grad Celsius im Schatten. Ich war nahe an einem Kreislaufkollaps. Vermutlich trank ich viel zu wenig, ich hatte kein Durstgefühl mehr. Gut, dass Ron mich immer wieder zum Trinken und zum Lutschen kleiner Salzbeutel zwang. Sonst wäre ich wohl ausgetrocknet.

Nächstes Ziel ist der Vulkan Erta Ale. Vom Basislager an seinem Fuß wollen wir ihn besteigen. Die Region Afar gehört zu den vulkanisch aktivsten Regionen unseres Planeten. Im so genannten »Höllenloch« des Erta Ale, der 613 Meter hoch über dem Meeresspiegel liegt, soll man sogar flüssige glühende Lavaströme beobachten können.

Was ich bis jetzt sehe, passt in das Bild, das ich von Vulkanlandschaften vor Augen habe: Eine schwarze, bedrohlich anmutende Region, in der das Überleben zum täglichen Kampf wird.

Auch ich erlebe hier Kämpfe und Anfeindungen. So werde ich auf dem Weg zum Basislager zum ersten Mal in meinem

Leben mit Steinen beworfen. Ein paar Kinder machen sich einen Spaß daraus. Weshalb? Ich verstehe es nicht.

Am Fuß des Vulkans beziehen wir ein Haus, das aus Lavasteinen erbaut ist. Da der Sabbat vor der Tür steht, den ich gemeinsam mit meinen gläubigen jüdischen Begleitern begehe, machen wir zunächst für 36 Stunden Rast. Die religiösen Riten, denen ich zum ersten Mal beiwohne, machen einen tiefen Eindruck auf mich. Alles wirkt trotz seiner Fremdartigkeit sehr ergreifend und feierlich auf mich. Dennoch kommt das Vergnügen an diesem Tag nicht zu kurz: Wir essen, reden und spielen viel Backgammon.

Dann erfahren wir, das uns die Besteigung des Erta Ale nur durch eine von den Afar geführte Kamelkarawane erlaubt wird. Hier in ihrem Zentralgebiet haben die Stammesfürsten das Sagen. Sie entscheiden, was erlaubt und verboten ist. Denn es ist ihr Grund und Boden, auf dem wir uns bewegen.

Wir bieten den lokalen Machthabern 2.000 Birr für unsere Expedition. Zunächst scheinen sie damit einverstanden zu sein, aber dann stellen sie immer wieder neue Nachforderungen. Schließlich brechen wir die endlosen und fruchtlosen Verhandlungen ab. Wir zahlen einen kleinen Obulus und fahren enttäuscht weg. Dabei werden wir noch mit einer Kalaschnikow bedroht.

Genervt und müde schlafen wir irgendwo in der Pampa. Es ist ein böser Tag. Zu allem Überfluss habe ich kein Trinkwasser mehr. Gezwungenermaßen trinke ich das schlechteste Wasser meines Lebens: Eine braune Brühe, in der die Kühe baden. Hoffentlich bekomme ich keinen Durchfall oder Schlimmeres!

Auf unserer Fahrt, die uns am nächsten Tag nach Hermet Ela führt, sehen wir viele kleine Dörfer, die durch bienenkorbartige Hütten und in bunte Gewänder gehüllte Einheimische geprägt sind. Wir halten an, und man serviert uns frische Kuhmilch.

Wie könnte es nach den Erlebnissen des Vortages auch anders sein, verläuft auch heute nicht alles programmgerecht. Wir fahren durchs Gestrüpp, und Barak holt sich zwei Platten. Habib kennt den Weg schon wieder nicht. Er muss einen Unterführer anmieten. Mir ist absolut nicht nach Lachen zumute. Entnervt plädiere ich für eine Auszeit mitten in der Wüste. Ein Baum, der rundherum von Sand umgeben ist, bietet uns etwas Schatten.

Abends erreichen wir Hermet Ela – ein Ort der Erholung. Endlich, nach fast einer Woche, gibt es wieder eisgekühlte Cola und sauberes Wasser. Am Horizont leuchten die Salzseen in der Abendsonne.

Um 5.30 Uhr, es ist der 10. Mai, brechen wir zum heißesten Punkt der Erde auf: Wir wollen den Salzsee in der Nähe von Daloll durchqueren. Unterwegs fahre ich die Honda in dem Salz-Schlamm-Gemisch, das in allen Farben des Regenbogens schimmert, immer wieder fest. Die Maschine wieder freizubekommen, ist bei dieser Affenhitze jedes Mal eine Mordsschinderei. Schließlich stelle ich sie ab, und es geht zu Fuß weiter.

Die Hitze wird immer unerträglicher, und gegen 10.00 Uhr am Vormittag müssen wir abbrechen. Es geht nicht mehr. Jetzt wäre jeder Heldenmut tödlich, denn erst kürzlich ist hier eine französische Touristin verdurstet.

So schnell wir können, fahren wir Richtung Bere Ale. Doch schon nach drei Stunden Fahrt bin ich total erschöpft und habe eine Rast nötig. Ich suche Abkühlung in einem kleinen Fluss. Endlich kann ich wieder richtig baden, nachdem ich tagelang auf diesen Luxus verzichten musste.

Die Weiterfahrt in den Bergen gestaltet sich schwierig und unangenehm, denn es geht durch ein ausgetrocknetes Flussbett mit vielen Steinen. Wir alle sind froh, als wir endlich das Dorf Bere Ale erreichen, wo wir die Kühle des aufkommenden Abends genießen.

Am nächsten Tag verlassen wir die Region Afar. Es geht auf steiler Piste hinauf ins Hochland. Mit jedem Kilometer wird es kühler, und die Landschaft, die von tiefen Schluchten durchzogen ist, wird immer imposanter. Trotzdem sind wir froh, als wir Mekele erreichen. Das ist endlich wieder eine richtige Stadt. Wir beschließen, hier vier Tage Rast einzulegen.

Die ersten beiden Tage verbringen wir gewissermaßen als Belohnung für die Mühen der letzten Zeit in einem schönen Hotel. Dann ziehen wir in ein Motel um, das erheblich einfacher ist. Dort haben wir die Möglichkeit gemeinsam zu kochen, was uns viel Spaß macht. Als ich mein Motorrad überhole, breche ich den Chokezug ab. Scheiße! Das kann ich nicht reparieren. Ich werde einen neuen benötigen.

Dann trennen sich unsere Wege. Ich bin angenehm überrascht, dass die Reise mit den Israelis angesichts der historischen Hintergründe so gut verlaufen ist.

In den folgenden Tagen fahre ich zurück nach Addis Abeba, eine Distanz von etwa 800 Kilometern. Es ist dieselbe Strecke wie vor einigen Wochen. Doch diesmal macht die Fahrt mehr Freude.

Unterwegs verliere ich eine Alubox, weil sich die Befestigungsschrauben von der vielen Rüttelei gelöst haben. Zum Glück ist sie nicht beschädigt. Nachdem ich die Box wieder montiert habe, geht es weiter.

Irgendwann passiere ich die Stelle, an der ich den Unfall hatte. Bei dem Gedanken, was alles hätte passieren können, beschleicht mich ein dumpfes Gefühl der Angst. Ich bin froh, als ich in der äthiopischen Hauptstadt unbeschadet ankomme.

In Addis Abeba verbringe ich über zehn Tage damit, ungeduldig auf einen neuen Chokezug zu warten, den ich extra in Köln bestellen muss. Selbst in einer Millionenstadt wie Addis Abeba ist so ein Ding einfach nicht zu bekommen. Kaum zu glauben. Die Tage bestehen aus Lesen, Essen und Schlafen. Als angenehme Abwechslung lädt mich Loulit zum Kindergeburtstag ein.

Dankbar bin ich, dass ich in der Werkstatt von Angelo, einem Italiener, kleinere Reparaturen an der Twin durchführen kann. Sein Landsmann Mauro gibt mir derweilen viele gute Ratschläge für die weitere Reise. Er selbst will bald nach Nordafrika aufbrechen. Ich vermittle ihm einen Freund, der in dieselbe Richtung fährt.

Da der neue Chokezug nicht ankommt, fummle ich den alten wieder dran und beschließe, einen Ausflug nach Harar zu unternehmen. Würde ich noch länger hier sitzen, bekäme ich bestimmt einen Lagerkoller.

Die 550 Kilometer gen Osten nach Harar fahre ich mit der notdürftig reparierten Maschine in einem Rutsch durch und lege nur Pausen ein, um etwas zu trinken. Beim Überholen eines Lkw mache ich Späßchen mit dem Fahrer. Für die Erheiterung bedankt er sich mit einer Orange, die er mir während der Fahrt zuwirft.

Bei Einbruch der Dunkelheit hänge ich mich an einen Toyota Pickup, der eine Hochzeitsgesellschaft transportiert. Als wir einmal gemeinsam halten, werde ich überredet, gleich mit zur Kirche zu kommen. So werde ich Zeuge einer äthiopischen Eheschließung. Die hohe Zahl der Trauzeugen verwundert mich etwas.

Nach dieser Einführung in äthiopische Hochzeitsriten erreiche ich wohlbehalten Harar, das etwa 135.000 Einwohner zählt. Es wurde im 7. Jahrhundert nach Christus gegründet. Seit diesem Zeitpunkt ist es eine fast rein islamische Stadt. Entsprechend der Namen für Allah hat Harar 99 Moscheen. Für die äthiopischen Mohammedaner, die in der Mehrzahl der sunnitischen Glaubensrichtung angehören, ist Harar somit eine

Ägypten: Pyramide in der Nähe von Sakarra (ganz oben). Obst- und Gemüsehändler in Luxor (o. links). Bizarre Steinformation in der Weißen Wüste (o. rechts). Am Eingang zum Tal der Könige (unten).

Sudan: Marktfrau im Nordsudan (ganz o. links). Königspyramiden von Meroe (o. links). In Gedaref da ich an einer Tankstelle campieren (unten). Obelisk am Ende der Sandpiste nach Khartum (o. rechts).

Äthiopien: Von Goba aus geht es in die Bale Mountains hinein (oben). Bananenpflücker bei der Pause (u. links). Äthiopische Schönheit (u. rechts). Felszeichnungen in der Nähe von Axum (ganz u.).

Äthiopien: Festgefahren im Schlamm der Danakil-Senke (oben). Hamer-Frau mit ihrem Baby (u. links). Die Hamer leben in einfachen Strohhütten (u. rechts). Lake Chamo (ganz u. rechts).

Uganda: Wasserfall von Sipi Falls (ganz o. li.). Vulkane nahe Kisoro (o. links). Tansania: In der Serengeti (ganz o. rechts). Kenia: Sonnenuntergang am Lake Turkana (u.). Üble Pisten in Nordkenia (o. re.).

Uganda: »Atempause« auf der Banda-Insel (ganz o. links). Gorillas – sanfte Riesen (ganz o. rechts). Viktoriasee (o. links). Sambia: Viktoria-Fälle (o. rechts). Tansania: Verladung auf der »MV Liemba« (u.

Namibia: Die Spitzkoppe, das »Matterhorn Namibias« (o.). Himba-Frau (u. li.). Die Honda übernachtet Steinkopf im Likörladen (ganz u. li.). Köcherbaum in der Namib (u. rechts). Swakopmund (ganz u. re.).

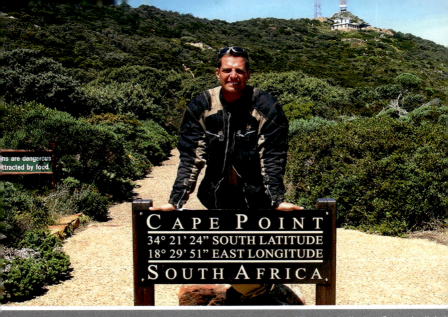

Südafrika: Der südlichste Punkt meiner Reise ist erreicht (oben). Küste am Indischen Ozean (u. links) Letzte Reifenpanne (ganz u. li.). Aussicht mit Steinschlag an der Küstenstraße bei Kapstadt (u. re.).

heilige Stadt und gilt als viertwichtigste Stätte des Islam nach Mekka, Medina und Jerusalem.

Seit dem 16. Jahrhundert war die Ansiedlung die Hauptstadt der Sultanate von Harar bzw. Abdal. 1875 wurde es von den Ägyptern erobert und fiel 1887 an Äthiopien. Zeitweilig war Harar, das auch als »Timbuktu des Ostens« bezeichnet wird, Regierungssitz der äthiopischen Kaiser. 1917 herrschte von dort aus Kaiser Jesus V. über das Land. Bis 1991 war Harar Hauptort des äthiopischen Somali-Distrikts Ogaden.

Nachdem ich mir die Stadt und deren Stadtmauer angesehen habe, besuche ich abends eine Hyänenfütterung. Ich bin ganz aufgeregt, als ich dazu aufgefordert werde, die Wildtiere selbst zu füttern. Nach Anweisung des Tierpflegers stecke ich mir einen Stock in den Mund. Auf dessen angespitztes Ende wird ein Fleischstück gespießt, das von den Raubtieren abgebissen wird. Dabei sind sie nur knapp einen Meter von mir entfernt. Sie schauen mir direkt in die Augen, und ich rieche ihren starken Raubtiergeruch. Dabei wird mir dann doch etwas mulmig zumute, aber vor den Äthiopiern will ich mich nicht blamieren und halte tapfer durch.

Wo sonst als in Afrika hat man zu so etwas schon die Gelegenheit? Doch wer wird mir glauben, wenn ich zu Hause von meinen Erlebnissen und Abenteuern erzählen werde? Nur gut, dass ich das meiste mit Fotos belegen kann. Vielleicht würde mich sonst so mancher kritische Geist als modernen Münchhausen ansehen. Ich selbst stelle ja immer wieder fest, welcher Unterschied zwischen meinen Vorurteilen und der täglichen Realität klafft.

Auch in Harar kann ich nicht tagelang ruhig auf meinen vier Buchstaben sitzen. Ein Tagesausflug führt mich deshalb nach Babille. Unterwegs verliere ich sechs Stunden, weil ich schon wieder einen Platten habe. In Babille lerne ich einige Mitarbeiter der Aktion »Menschen für Menschen« kennen. Diese wurde durch den österreichischen Schauspieler Karl-Heinz Böhm gegründet, der inzwischen mit einer Äthiopierin liiert ist. Die Aktion hat sich zur Aufgabe gemacht, Hilfe zur Selbsthilfe zu leisten. So unterstützt »Menschen für Menschen« beispielsweise den Bau von Schulen, Trinkwasserleitungen oder Brunnen. Dabei wird großen Wert auf die Eigenleistung der einheimischen Bevölkerung gelegt.

In der Nähe von Babille besichtige ich das Marbel-Valley, das mich durch seine herbe Naturschönheit begeistert. Wie Murmeln liegen die Steine auf den Felsen. Egal, wo man in Äthiopien auch hinkommt, immer wieder ist man von der Natur aufs Neue begeistert.

Auf der Rückfahrt nach Addis Abeba mache ich Zwischenstopp in Dire Dawa. Die Stadt ist wenig interessant und langweilt mich. Schnell geht es weiter nach Asbe Teferi, wo ich ein sehr nettes Mädchen kennen lerne. Trotz mangelhafter Verständigungsmöglichkeiten sind wir uns sehr sympathisch. Ich beschließe, sie mit nach Addis Abeba zu nehmen.

Doch zunächst macht mir die Gesundheit einen fetten Strich durch meine schönen Pläne. Ich habe hohes Fieber und fühle mich krank. Habe ich mich etwa mit Malaria infiziert? Angst beschleicht mich. Um 6.00 Uhr in der Früh verlasse ich Asbe Teferi und fahre Richtung Addis Abeba – ohne meine neue Begleiterin.

Unterwegs sehe ich einen Toten, der am Straßenrand liegt. Ein schlechtes Vorzeichnen? Dann kommt wieder die berüchtigte Awash-Brücke. Wie soll ich es ohne Tieflader schaffen, sie zu überqueren? Ich nehme meinen ganzen Mut zusammen und fahre so dicht hinter einem Lkw her, dass mich der Wachhabende nicht sieht. Kurz hinter der Brücke halten mich dann fünf Soldaten an, die Maschinenpistolen im Anschlag. Aber was sollen sie machen? Die Brücke habe ich bereits überquert.

Kaum in Addis Abeba angekommen, konsultiere ich einen Arzt. Zum Glück bestätigt er mir, dass ich keine Malaria habe. Es ist nur ein Virus. Nur teilweise erleichtert lege ich mich ins Bett. Die Erkrankung, die anfangs von starken Durchfällen begleitet ist, zieht sich über eine Woche hin. Die ersten Tage verbringe ich fast nur im Bett. Dann, als es mir etwas besser geht, treibt es mich zumindest stundenweise hinaus. Ich treffe Steve, der drei Jahre mit dem Motorrad quer durch Afrika gefahren ist, und warte immer noch auf das Ersatzteil für die Honda.

In Afrika, das habe ich inzwischen begriffen, herrscht ein ganz anderes Gefühl für die Zeit als in Europa. Heute, morgen oder nächste Woche sind keine festen Zeiteinteilungen. Vielmehr bedeuten sie einen, mehr oder weniger ungenauen, Zeitpunkt in der Zukunft.

Einen netten Abend verbringe ich mit den Deutschen der Stadt beim Skat. Dann beginne ich eine kleine Affäre mit der schönsten Frau Afrikas. Zumindest ist sie das für mich. Kein Gedanke mehr an Aids, vermutlich ist der Trieb stärker als die Angst. Schade, dass ich bald weiterreisen muss. Ich bin so beeindruckt von der jungen Frau, dass ich ihr zum Abschied einen Goldring schenke. Ich würde sie wohl auch gerne mitnehmen, aber wie sollte das gehen? Ich habe noch zehn Länder Afrikas vor mir.

Endlich, wir haben inzwischen den 15. Juni, kommt der neue Chokezug an, den ich am folgenden Tag sofort einbaue. Außerdem wechsele ich die Kette und tausche Geld für Kenia, das mein nächstes Ziel ist.

Meinen Aufenthalt in Addis Abeba, der von vielem Essen und Kinobesuchen geprägt ist, runde ich mit einem Ausflug zum Wanchi-See ab. Ich möchte ausprobieren, ob mein Motorrad wieder einwandfrei läuft. Das tut es. So ist es diesmal ein ungetrübter Genuss, durch eine herrliche Landschaft zu reisen. Es kann gen Süden gehen.

Es zieht mich weiter in Richtung Kenia. Auf der Strecke nach Arba Minch mache ich am Langano-See Rast. Er liegt 1.582 Meter über dem Meeresspiegel, ist bis zu sechzehn Kilometer breit, dreiundzwanzig Kilometer lang und ca. dreißig Meter tief. Er gehört zu den wenigen Binnengewässern des Landes, in denen keine Bilharziose-Gefahr besteht. Das ist eine Wurmerkrankung, bei der die Leber zersetzt wird und es zu Blutausscheidungen kommt. Dass man in dem See unbekümmert baden kann, ist seinem hohen Sodagehalt zu verdanken. Er färbt das Wasser rotbraun und lässt es sich seifig und weich auf der Haut anfühlen. Sauber und entspannt steige ich aus dem See und mache mich auf nach Arba Minch.

In der Nähe von Arba Minch liegt der Lake Chamo, den ich mit einem kleinen Holzboot befahre. Den Anleger, an dem ein größeres Schiff aus Aluminium abfährt, habe ich nämlich verpasst. Ich bin nicht wenig erschrocken und erstaunt, als plötzlich hinter mir ein Krokodil aus den Fluten auftaucht. Es ist nur knapp fünf Meter von mir entfernt. Sein weit aufgesperrtes Maul mit all den spitzen Zähnen wirkt riesig und gewaltig. Spontan fallen mir alle Horrorgeschichten ein, die ich über menschenfressende Killer-Krokodile gelesen und gehört habe. Ich bin froh, als das Reptil abdreht und lautlos meinen Blicken entschwindet. Sofort gebe ich Kommando, zum Ufer zurückzupaddeln.

Den Nachmittag verbringe ich auf der Terrasse des Hotels »Bekele Mola«. Von hier hat man einen wunderschönen Blick auf den Abya- und den Chamo-See. Mit einem Pärchen, das ich kennen lerne, esse ich gemütlich zum letzten Mal Injerra. An diesem Abend kommt Wehmut auf. Bald schon werde ich Äthiopien, das ich irgendwie liebgewonnen habe, verlassen und weiterziehen. Wann werde ich es wohl wiedersehen?

Am folgenden Morgen fahre ich zu einem Markt im Bergdorf

Chencha. Interessant sind dort die landestypischen Bienenstockhäuser. Außerdem habe ich Gelegenheit, den Einheimischen bei der Wollverarbeitung zuzusehen. Leider ist es hier im Hochland ein wenig nebelig, so dass ich kaum Fotos machen kann. Auf der Rückfahrt am Mittag esse ich wieder im »Bekele Mola«. Noch ein letzter Blick auf die Seen, dann starte ich nach Konso.

Afrika wird allmählich so, wie ich mir Afrika immer vorgestellt habe. Die Landschaft wird weiter, es gibt immer mehr Akazien und Wildtiere, Löwen sind hier keine Seltenheit.

Ich sehe Menschen, die auf Bäumen sitzen. Sie verjagen die Vögel, die sich auf ihren Tabakfeldern niederlassen und fressen wollen – lebende Vogelscheuchen.

Unterwegs mache ich einen kurzen Abstecher zu einem Flusstal, das mich stark an den Bryce-Canyon im amerikanischen Bundesstaat Utah erinnert. Die Einheimischen nennen es aber kurioserweise »New York«.

Am Abend gehe ich zum Fasha-Markt. Dort trinke ich ein leckeres lokales Bier, welches aus Mais hergestellt wird. Der Tag klingt beim Fußball-Europameisterschaftsspiel Deutschland gegen Lettland aus. Es gibt den besten Tej, eine Art Met, den ich jemals getrunken habe. Der wird im Süden mit Honig angemacht und hat daher einen besonderen süßlichen Geschmack.

Am nächsten Tag besuche ich den »Chief«, den Häuptling eines der neun Stämme der Konso. Er zeigt mir stolz einige Totempfähle, die typisch für sein Volk sind. Insbesondere weist er mich auf denjenigen hin, der gerade für seinen verstorbenen Vater geschnitzt worden ist.

Dann erzählt er mir, dass die Einbalsamierung eines Konso normalerweise neun Jahre dauert. Er aber hat eine Methode entwickelt, die das Verfahren auf neun Monate reduziert. Er möchte mir gerne das Verfahren zeigen und erklären, worauf ich dankend verzichte.

Danach geht es weiter nach Turmi, das im Stammesgebiet der Hamer liegt. Dort beginnt für mich ein afrikanisches Märchen. Ich fühle mich in eine Zeit und einen Raum versetzt, der so ganz anders ist als alles, was ich bisher in meinem Dasein erlebt habe.

Die Hamer sind ein sehr gastfreundliches und liebenswürdiges Volk. Sie leben in einfachen Strohhütten. In diesen wird gekocht und geschlafen. Besonders faszinieren mich die Frauen. Ihr Oberkörper ist unbekleidet. Viele haben rituelle Narben auf dem Rücken, die furchtbar aussehen. Sie rühren daher, dass die Frauen sich anlässlich des so genannten »Festes des Rindersprungs« auspeitschen lassen. Sie wollen damit ihre Stärke unter Beweis stellen. Damit die Narben möglichst groß, langlebig und eindrucksvoll bleiben, werden die frischen Wunden, die die Peitsche geschlagen hat, vorsätzlich verschmutzt. Dies hat langwierige und schmerzhafte Entzündungen zur Folge, die aber beabsichtigt sind. Mit Recht kann man hier sagen: Wer schön sein will, der muss leiden.

Am Abend dieses ereignisreichen Tages, sehe ich mir eine Tanzvorführung der Hamer an. Die Arm- und Beinreifen der Frauen finden hierbei als Musikinstrumente Verwendung.

Nach dem Aufstehen am nächsten Morgen gehe ich zum Frühstückssaal. Was ich sehe wirkt surreal: Dort sitzen zwanzig Frauen wie die Hühner auf der Stange und kauen laut schmatzend Brotfladen. Wir starren uns gegenseitig an, als kämen wir jeweils von einem anderen Planeten.

Höhepunkt meines Aufenthaltes bei den Hamer ist der Markt von Turmi. Über 1.000 Stammesangehörige haben sich in ihrer traditionellen Bekleidung versammelt um zu handeln, feilschen, kaufen und die neuesten Nachrichten auszutauschen. Der Markt dauert vom frühen Morgen bis zum Nachmittag.

Marktstände gibt es nicht, jeder breitet seine Waren auf dem Boden aus: Kalebassen, Wildhonig, Ziegen, Gewürze, Tonerde. Groß ist das Angebot nicht, aber die Hamer benötigen auch nicht viel zum Leben.

Die Arbeitsteilung der Hamer ist seltsam: Die Frauen gehen auf den Markt und die Männer in die Kneipe, um den frisch angerührten Tej zu trinken. Am späten Vormittag sind die meisten betrunken. Mir wird glaubhaft versichert, dass sie nur einmal pro Woche trinken, dann aber umso mehr.

Am Nachmittag dieses Tages tanke ich im Nachbarort noch einmal randvoll, denn die nächste richtige Tankstelle liegt 500 Kilometer weiter südlich. Morgen soll es nach Kenia gehen.

Kapitel 8

# Kenia – Lebensretter in der Wüste

Die Fahrt nach Omorate, das schon an der Grenze nach Kenia liegt, läuft reibungslos. Als ich die Einreiseformalitäten quasi schon erledigt habe, fällt dem äthiopischen Grenzer auf, dass mein Visum für Äthiopien bereits seit 35 Tagen abgelaufen ist. Genau genommen müsste ich jetzt zurück nach Addis, um ein neues Visum zu beantragen. Natürlich möchte ich auf keinen Fall einen Umweg von 1.600 Kilometern in Kauf nehmen.

Nach viel Rederei und erstaunlicherweise ohne Geldzuwendungen verständigen wir uns darauf, dass er meinen Pass zweimal abstempelt. Also so, als wäre ich zuerst fristgerecht ausgereist und dann noch einmal. So hat dann endlich alles seine Richtigkeit.

Von der Fahrt nach Illert, das bereits in Kenia liegt, wird mir abgeraten. Die Strecke sei einfach zu sandig. Das stimmt. Volker und Manuela, deutsche Bekannte aus Addis, die auf zwei Hondas unterwegs sind, haben es versucht und entnervt abgebrochen. Sie ließen sich schließlich mit dem Boot über den Omo bringen.

Auch mir wird empfohlen, mit dem örtlichen Polizeiboot auf die andere Seite des Omo überzusetzen. Ab dort sei die Strecke unproblematisch zu befahren. Am Nachmittag erfahre ich jedoch, dass der Polizeihauptmann erst in zwei Tagen zurückkommt. Vorher läuft nichts.

Da ich aber nicht so lange warten möchte, besorge ich mir am nächsten Morgen einen einheimischen Führer. Er soll mir helfen, die versandeten Stellen zu umgehen und mich über Ziegenpfade durch den Busch über die Grenze nach Illert bringen. Mutig setzt er sich hinter mir auf die voll bepackte Maschine, und wir starten. Über kleinste Wege mogeln wir uns voran und müssen häufig Einheimische fragen, bis wir tatsächlich auf die Straße nach Illert treffen. Kurz vor Illert verlässt mich mein Führer und verschwindet sofort, nachdem er sein Geld erhalten hat. Offensichtlich hat er Angst, von der kenianischen Polizei aufgegriffen zu werden.

Ich mag etwa einen Kilometer gefahren sein, als plötzlich das Zahnrad auf der Antriebswelle nicht mehr greift. Das Motorrad bleibt schlagartig stehen. Ich bin gezwungen, die schwere Twin durch den Sand zu schieben. Dabei treffe ich eine Frau mit Kind auf dem Arm. Sie hilft mir schieben. Ein Bild für die Götter! Nach Fotografieren ist mir allerdings nicht zumute.

Nach einiger Zeit verlassen uns die Kräfte und ich muss die Maschine zurücklassen. Durstig und ermüdet erreiche ich Illert, nachdem ich einen letzten Abhang hochgestiegen bin. Oben angekommen treffe ich ein paar Einheimische, die Englisch sprechen.

Sie bringen mich zu Pater Florian. Der Missionar lebt seit 25 Jahren in Afrika und ist ein Spross alten bayerischen Landadels. Unter seinem Filzhut quillt braunes lockiges Haar hervor. Er lässt meine Maschine von einem Trecker abholen.

Zu meiner großen Überraschung sind eine Plastiktüte, die ich als Abdeckplane benutze, und das Packband, das ich zur

Fixierung des Gepäcks brauche, verschwunden. Offensichtlich sind diese Gegenstände, die einen materiellen Wert von wenigen Cent besitzen, entwendet worden. Meine Digitalkamera und den Weltempfänger hat jedoch niemand angerührt. Hatte man hierfür keine Verwendung, oder wusste man nichts mit diesen Gegenständen anzufangen? Oh, wundersames Afrika. Hier komme ich wirklich aus dem Staunen nicht heraus.

Am nächsten Tag schlafe ich bis zum Nachmittag, so erschöpft bin ich vom Vortag. Dann wird der Antrieb vom Motorrad geschweißt. Danach bietet ein abendliches Bad im Turkanasee Entspannung. Das Binnengewässer, das 318 Kilometer lang und 56 Kilometer breit ist, zählt zu den größten alkalischen Seen unseres Planeten. 1887 wurde er von dem ungarischen Grafen Samuel Teieki von Szek und dem Leutnant Ludwig von Höhnel entdeckt. Zu Ehren des österreichisch-ungarischen Kronprinzen Rudolf von Habsburg, der große Begeisterung für diese Expedition hegte, nannten sie ihre Entdeckung »Rudolf-See«. Die ansässige Bevölkerung bezeichnete ihn damals als »Basso Narok«, den »Schwarzen See«. Aufgrund seines türkisfarbenen Wassers trägt er auch die Bezeichnung »Jademeer«.

Der Turkanasee ist fast ständig von starken Winden umpeitscht und von wüstenartiger Landschaft umgeben. In dem fisch- und vogelreichen Biotop leben auch Krokodile. Die Anwesenheit des großen Nilbarsches, der bis zu 90 Kilogramm schwer werden kann, legt die Vermutung nahe, dass der See in früheren Zeiten mit dem Nil verbunden war.

Gespeist wird er von den Flüssen Omo und Turkwel. Da diese zu Energiegewinnungs- und Bewässerungszwecken oberhalb des Sees gestaut werden, ist der Wasserspiegel des Turkana in den vergangenen Jahren stark abgesunken. Hinzu kommt, dass die Niederschläge im Nordwesten Kenias in den letzten Jahren sehr schwach und unregelmäßig waren. Eine große Dürre herrschte. Dementsprechend verlandete die seichte Bucht des Ferguson-Golfs, der einst ein großes Laichgebiet der Fische war, schon vor etlichen Jahren völlig. Es gibt also auch in Kenia große Umweltprobleme.

Ich beschließe, noch einen Tag die Gastfreundschaft von Pater Florian in Anspruch zu nehmen. Diese Zeit nutze ich, um die Ausgrabungsstätte von Kobi Fora zu besuchen. Hier an den Ufern des Turkanasees wurde 1972 ein fast vollständiger Schädel des Homo Habilis gefunden, der etwa 1,8 Millionen Jahre alt ist. Der Homo Habilis stellt die erste menschliche Art dar, welche die Erde bevölkerte.

Nach diesem Ausflug in die früheste Menschheitsgeschichte beobachte ich die ärztliche Behandlung von Kindern in einem Fora. Dies ist die nur aus Zweigen und Blättern bestehende Unterkunft der nordkenianischen Dazenetsch, einem Hirtenvolk. Die Dazenetsch sind mit ihren Rinderherden, die ihren ganzen Reichtum und Stolz darstellen, fast ständig auf der Wanderung zu irgendwelchen fruchtbaren Weidegründen. Machen sie irgendwo Halt, dann wird rasch ein Fora erbaut. Wie mir Pater Florian erzählt, erschwert dies ungemein die von Missionaren durchgeführte medizinische Versorgung, da man nie genau weiß, wo sich ein Patient vielleicht morgen schon aufhalten wird.

Das ist der Grund, weshalb man so viele Menschen mit amputierten Fingern oder Zehen sieht. Oftmals entwickeln sich in den verletzten Gliedern, die nur mangelhaft und unhygienisch versorgt werden können, Entzündungen. Nur durch die Amputation des betroffenen Körperteils lässt sich in diesen Fällen das Leben des Patienten retten.

Für ihre Gastfreundschaft spendiere ich den Missionaren eine Ziege. Die wird von uns gemeinsam geschlachtet, gegrillt und verzehrt. Als wir gerade genüsslich mit unserem Mahl begonnen haben, kommt ein kleiner Junge zur Tür hereingestürmt. Er fragt höflich nach dem Küchenmesser, das wir gerade noch zum Zerteilen der Ziege benutzt haben. Er braucht es dringend, denn seine Mutter entbindet zur Stunde. Pater Florian leiht ihm das Messer bereitwillig. Ich frage ihn, wie die Schwarzen sonst im Busch ohne Messer entbinden. »Sie schneiden die Nabelschnur mit einer Scherbe durch oder zerbeißen sie einfach mit den Zähnen«, antwortet er.

Dann nehme ich Abschied von Pater Florian. Die Fahrt durch den Norden Kenias ist sehr einsam. Ich habe Angst, dass ich von der richtigen Wegstrecke abkomme. Es begegnet mir kein Mensch, den ich fragen könnte. Ich bin mutterseelenallein.

Jetzt wird mir bewusst, wie hart und gefährlich es ist, wenn man alleine mit dem Motorrad durch eine unbesiedelte Region fährt. Hier kommt höchstens ein Fahrzeug pro Woche vorbei. Jedes Festfahren und jeder Sturz kann daher zur tödlichen Gefahr werden. Denn kein Mensch ist da, der einem beistehen könnte. Man kann auch keine Hilfe rufen. Es wäre mehr als ein glücklicher Zufall, würde man jemanden treffen.

Entsprechend erleichtert bin ich, als ich kurz vor Anbruch der Dunkelheit die Polizeistation in Derate erreiche. Die Beamten sind sehr hilfsbereit und geben mir Unterkunft, Wasser und Verpflegung.

Mit Hilfe eines der Polizisten muss ich am nächsten Morgen zuerst einmal das Hinterrad flicken. Offensichtlich habe ich mir gestern kurz vor Derate ein Loch in den Reifen gerissen und es nicht bemerkt. Über Nacht ist dann langsam die ganze Luft entwichen. Zügig ziehe ich mit den beiden Montierhebeln den Reifen von der Felge und repariere das Loch im Schlauch. Ein paar Mal hält das ein Schlauch aus, dann ist er hinüber, und ich muss einen neuen kaufen.

Vor der Abfahrt bitte ich die Polizisten, die deutsche Missionsstation in North Horr anzufunken. North Horr ist 110 Kilometer entfernt und mein nächstes Etappenziel. Würde ich um 16.00 Uhr noch nicht in North Horr sein, sollte man dort bitte einen Suchtrupp losschicken.

Ich bedanke mich herzlich bei meinen Helfern und verlasse den Ort guten Mutes.

Heute geht es über sehr steiniges Gelände, typisch für die nordkenianische Wüste. Kein Wunder, dass ich nach nur zehn Kilometern schon wieder einen Platten habe. Aber das ist erst der Anfang meines heutigen Pechs. Kurz darauf geht meine Vorderradbremse nicht mehr. Dann folgen zwei weitere Platten am Hinterrad. Es ist zum Verrücktwerden. Gut, das niemand hören kann, wie ich laut vor mich hinfluche.

Als ich mich etwas beruhigt habe, sehe ich mir die Honda ganz genau an. Ich befürchte, dass durch das kaputte Felgenband des Hinterrades die Speichenenden immer wieder auf den Radschlauch drücken, der dadurch Luft abgibt.

Entnervt gebe ich auf. Noch 1,5 Liter Wasser habe ich bei mir. Das wird knapp. Meine einzige Chance ist der Rückmarsch zu Fuß zur Polizeistation nach Derate. Ich rechne aus, dass ich diese nach 15 Stunden Fußmarsch erreichen muss, wenn ich unterwegs nicht verdursten will. Alle 15 Minuten darf ich mir einen Schluck Wasser genehmigen. Auf diese Weise müsste ich die Strecke, sollte nichts Dramatisches passieren, eigentlich schaffen.

Ich schreibe einen kleinen Zettel in Deutsch, auf dem steht: »Bin zurückgelaufen zur Polizeistation nach Derate.« Dann mache ich kehrt und begebe mich auf den mühevollen Rückzug. Der ist heiß und anstrengend. Mein Körper verliert viel Flüssigkeit. Da ich den Wasserverlust nur sehr mangelhaft ausgleichen kann, stellen sich bald schon bohrende Kopfschmerzen ein. Hoffentlich halte ich durch.

Tief in Gedanken versunken, marschiere ich in Richtung Polizeistation, als plötzlich hinter mir eine Ambulanz mit Blaulicht auftaucht. Die kann sicherlich nicht für mich sein, die wollen nur einen kranken Kenianer abholen.

Doch der Wagen kommt neben mir zum Stehen. Der einheimische Fahrer ruft, ob ich Joe, der Deutsche, sei. Woher kennt er meinen Namen? Es sind tatsächlich die Retter aus der Missionsstation North Horr. Sie hatten zur Zeit keinen anderen Wagen frei, daher kamen sie mit der Ambulanz.

Der Fahrer gesteht mir, dass er mit dem Zettel nichts anfangen konnte, weil Deutsch nicht seine Muttersprache sei. Aber die Spuren, die ich hinterließ, konnte er lesen. Da das Motorrad nicht in den Laderaum der Ambulanz passt, müssen wir es zerlegen. Zwei Stunden später sind wir soweit, und die Türen des Autos lassen sich schließen. Danach geht es drei Stunden lang über steinige Pisten in den rettenden Hafen. Dort warten Hubert und Toni, zwei Missionare aus Bayern. Ich bin überglücklich. Gemeinsam genießen wir das Abendessen. Es gibt etwas ganz Besonderes, nämlich frische Tomaten und bayerisches Bier.

Dieser Tag war der extremste, den ich bisher in Afrika erlebt habe. So etwas möchte ich nicht noch einmal durchmachen. Die Anstrengungen haben mich nicht nur in den Grenzbereich meiner Leistungsfähigkeit gebracht, das Ganze hätte sogar tödlich enden können.

Am folgenden Morgen sieht die Welt schon wieder ganz anders aus. Nachmittags schraube ich das Motorrad wieder zusammen, und wir verladen es auf den Unimog von Toni. Abends gehe ich ins Dorf und beobachte eine rituelle Zeremonie für ein neu geborenes Kind, das vielleicht drei Stunden alt ist. Es wird getanzt, und Geschenke werden überreicht. Jeder, auch ich, darf die Hütte, in der das Neugeborene liegt, betreten und es anschauen. Wieder eine Sitte, die für mich als Mitteleuropäer völlig fremd ist.

Mit Bewunderung beobachte ich, wie Hubert und Toni ihre Mission betreiben. Pragmatische Religion – das ist ihr Motto. Morgens und abends wird gebetet, einmal in der Woche findet ein Gottesdienst statt. Die beiden laufen den ganzen Tag mit T-Shirt und kurzer Hose umher. Hubert ist Sohn eines Landwirts, Toni war Kfz-Mechaniker. Beide können ordentlich anpacken, was ihnen bei den Schwarzen Respekt verschafft. So entstanden unter ihrer Regie eine Schule und eine Krankenstation.

Tags darauf fahren wir in die 70 Kilometer entfernte Oase Kalacha am nördlichen Rand der Chalbi-Wüste. Kalacha liegt unter Palmen und soll viele klare Süßwasserquellen besitzen. Es macht Spaß, bequem hinten auf dem Unimog zu sitzen und die Reise zu genießen. Das ist etwas anderes, als sich mit dem Motorrad von Panne zu Panne zu quälen.

Wir erreichen Kalacha, dort schlafen wir in einem kleinen Häuschen neben der Kirche. Ich hole Bier, was Toni nicht recht ist. Er möchte nicht, dass seine »Schäfchen« sehen, wie er Alkohol trinkt. Vermutlich befürchtet er, dass darunter sein Ansehen bei den Schwarzen leiden könnte.

Am letzten Junitag setze ich meine Reise fort, Toni will mich bis Nairobi begleiten. Die erste Etappe, die uns nach Archer's Post führen soll, beginnt mit einer Fahrt durch die endlos erscheinende Salzpfanne der Chalbi-Wüste. Danach geht es querfeldein. Eine Strecke, die ich niemals alleine gefahren wäre. Ich freue mich, die verschiedenen Naturvölker der Ghabra und Rendille zu sehen. Sie sind reichhaltig mit Perlenketten um den Hals geschmückt.

Wir halten kurz an den Missionsstationen von Kargi und

Korr. In letzterer esse ich sehr leckeren Käse, der von befreundeten Mönchen hergestellt wurde. In Laisamis, einem kleinen Samburudorf, stoßen wir wieder auf die Hauptstraße. Dort trinken wir Wasser, das mit der Rinde des Tamabaumes versetzt wird. Sein Geschmack ist etwas eigentümlich. Das Getränk soll jedoch gut den Durst stillen.

Schließlich erreichen wir Archer's Post. Das ist ein kleines Dorf mit einer Missionsstation, das aus zwei Gründen in den letzten Jahren traurige Berühmtheit erlangte. Zum einen unterhält die britische Armee dort einen Schießplatz. Durch die vielen Blindgänger wurden immer wieder Einheimische verletzt oder getötet. Erst nach langen Auseinandersetzungen erhielten die betroffenen Familien Schadensersatz, der das arme Archer's Post angeblich reich gemacht hat.

Zum anderen sollen britische Soldaten, die in Archer's Post stationiert waren, im Jahr 1997 mehr als dreißig Frauen des Samburu-Stammes vergewaltigt haben. Zwar wurden diese Verbrechen beim zuständigen Bezirksbeamten und beim Befehlshaber der britischen Soldaten angezeigt, eine offizielle Untersuchung fand aber nicht statt. Erst im Mai des Jahres 2003 rollte das englische Verteidigungsministerium nach Intervention eines Anwalts den Fall noch einmal auf.

Archer's Post ist ein Ort, an dem die Zweiteilung Kenias in Norden und Süden offensichtlich wird. Diese Trennung wird sogar durch einen Schlagbaum symbolisiert. Im trockenen Norden leben die wandernden Nomadenvölker, im fruchtbaren Süden die sesshaften Bauern. Auch ist es der Süden, der für die Pauschalreisenden aus dem reichen Europa und Amerika erschlossen ist. Sie bringen die begehrten Devisen, die diesem Landesteil einen bescheidenen Reichtum und Wohlstand ermöglichen.

In Archer's Post bekochen uns drei Missionsschwestern vorzüglich. Es gibt frischen Catfish, der aus dem nahe gelegenen

Fluss Ewaso Nyiro stammt. Der ist eines der wenigen Gewässer des Landes, die das ganze Jahr über Wasser führen. Leider entfällt die Übertragung des Viertelfinales der Fußball-Europameisterschaft wegen technischer Schwierigkeiten. Trotz stundenlangen Drehens an der Antenne kommt kein Empfang zustande.

Weiter geht es nach Nairobi. Unterwegs machen wir in Meru Station. Dort muss Toni den Unimog durch den TÜV bringen, weil er mit dem Ding sonst in Nairobi nicht fahren darf. Ich habe Probleme mit meiner VISA-Karte, bekomme am Bankautomaten in Meru kein Geld. Es wird langsam kritisch, da mein Bargeld zur Neige geht.

Nächster Halt in Nanjucki. Dort sitzt die Verwaltung der Diözese, der Toni einen Besuch abstatten muss. Langsam gehen mir die vielen Zwischenstopps auf den Geist. Aber was will ich machen? Wir sind eben eine »heilige« Reisegesellschaft.

Schließlich, inzwischen ist es Abend geworden, erreichen wir doch noch Nairobi, die Hauptstadt Kenias. Der Name leitet sich aus dem Massai-Ausdruck »Engare Nyarobie« ab. Das bedeutet so viel wie »Kühler Fluss«. Die Stadt hat fast drei Millionen Einwohner und liegt am Fluss Athi.

Nairobi ist eine recht junge Gründung und entstand in den 1890er-Jahren aus dem Lager von Arbeitern, die die Bahnlinie Mombasa – Uganda bauten. Von 1899 bis 1905 war Nairobi britische Provinzhauptstadt. Kenia war nämlich ab 1885 britisches Protektoratsgebiet. Seit der Unabhängigkeit Kenias vom britischen Mutterland 1963 ist Nairobi die Hauptstadt der Republik Kenia.

Da die Stadt bei Nacht recht unsicher sein soll, verzichte ich auf einen ersten Ausflug in das lokale Nachtleben. Nachdem wir gegessen haben, übernachten wir in einem Kloster, das von einer sehr schönen, gepflegten und blumenreichen Gartenanlage umgeben ist. Wohltuende Ruhe begegnet uns hier. Denn Nairobi ist auch des Nachts eine sehr laute Stadt. Im Kloster gibt es ein ganz tolles und reichhaltiges Frühstück, das mich begeistert. Nur schade, dass mich dabei irgendein Bischof mit seiner Meinung über Motorräder volllabert.

Bei der Polizei hole ich meinen Immigrationsstempel ab. Und bekomme am Automaten Geld. Endlich. Denn meine Barschaft ist inzwischen von den 2.000 Euro, die ich beim Start dabei hatte, auf weniger als 50 Euro gesunken. In der Regel habe ich immer nur einen kleineren Betrag in der Geldbörse, der Rest liegt sicher und gut versteckt in meinem Brustbeutel.

Am Nachmittag besuche ich das Aga-Khan-Krankenhaus. Dort lasse ich mein Knie untersuchen, das mir seit einem leichten Sturz in Nordkenia Schmerzen bereitet. Ich bin beruhigt, als mir der Arzt versichert, dass kein Knochen verletzt ist. Offenbar handelt es sich um eine zwar unangenehme, aber nur muskuläre Verletzung.

Am Abend bringt mich Toni zu Christoph, der eine Fremdenpension mit angeschlossener Auto- und Motorradwerkstatt bewirtschaftet. Dort treffe ich Volker und Manuela wieder, die ich schon aus dem »Bel Air Hotel« in Addis Abeba kenne.

In den folgenden Tagen verbringe ich die meiste Zeit bei Christoph. Die Africa Twin bekommt eine Generalüberholung. Wir zerlegen den ganzen Motor, um festzustellen, welche Ersatzteile nötig sind. Da die meisten Teile in Deutschland bestellt werden müssen, drängt ein wenig die Zeit. Ich habe ja gelernt, wie lange es dauern kann, bis irgendetwas Afrika erreicht.

Kapitel 9

# Tansania – zu Fuß auf den Gipfel des Kilimandscharo

Ich beschließe, die Wartezeit auf die Ersatzteile für einen Abstecher nach Tansania zu nutzen. Die Küstenregion von Tansania, die am Indischen Ozean liegt, war schon im Mittelalter von Händlern besiedelt, die eifrige Kontakte nach Arabien pflegten.

So ist es wenig verwunderlich, das nach einem kurzen portugiesischen Intermezzo aus dem Sultanat Oman kommende Araber die Region besetzten. Ein Überbleibsel dieser Zeit ist die Tatsache, dass die Bevölkerung noch heute weitgehend islamisch ist.

Ab 1891 war das Land unter dem Namen »Deutsch-Ostafrika« Kolonie des Deutschen Reiches. Verbunden mit dieser Epoche ist insbesondere die legendäre Gestalt des Generals Paul von Lettow-Vorbeck, der während des ganzen 1. Weltkrieges mit geringen deutschen und einheimischen Hilfskräften, den »Askaris«, den überlegenen Truppen der Engländer einen erbitterten Buschkrieg lieferte. Und das sehr erfolgreich. Lettow-Vorbeck, der am Ende noch über 30 deutsche Offiziere, 125 deutsche Unteroffiziere und Mannschaften, 1.168 Askaris und 1.522 einheimische Träger verfügte, streckte erst Ende 1918 die Waffen, als er von der Kapitulation des Mutterlandes erfuhr. Bei den Askaris erfreute sich Lettow-Vorbeck großer Beliebtheit. Nicht zuletzt deshalb, weil er dafür sorgte, dass die Askaris im Jahr 1927 rückwirkend ihren Wehrsold erhielten, der während des Krieges nicht ausbezahlt werden konnte.

Ab 1920 stand Deutsch-Ostafrika unter dem Mandat des Völkerbundes. Nach dem 2. Weltkrieg war es Treuhandgebiet der UNO. Die Verwaltung wurde während dieser Jahrzehnte lange von den Briten ausgeübt, die das Land am 9. Dezember 1961 in die Unabhängigkeit entließen. Wenig später verbanden sich die beiden Staaten Sansibar und Tanganjika und gründeten am 26. April 1964 die Vereinigte Republik Tansania.

Ich bin froh, als ich endlich in dem Reisebus nach Arusha sitze. Endlich hocke ich nicht mehr in Nairobi herum, sondern sehe etwas Neues. Von Nairobi nach Arusha sind es 350 Kilometer. Der Grenzübertritt verläuft völlig unproblematisch. Doch als ich Dollar gegen tansanisches Geld tauschen möchte, will man mich mit dem Wechselkurs bescheißen. Ich habe bereits die Grenze überschritten, als ich bemerke, dass ich nur ein Zehntel des Betrages erhalten habe, der mir zusteht. Sofort drehe ich um und beschwere mich lautstark. Schließlich bekomme ich den korrekten Betrag.

Auf Tansania freue ich mich ganz besonders, denn dort werde ich endlich wieder Mitglieder meiner Familie sehen. Meine Schwester Anne und ihr Mann Werner wollen mich dort treffen.

Das im Norden Tansanias gelegene Arusha ist die Hauptstadt der gleichnamigen Provinz und Sitz des UN-Tribunals für Ruanda. Die Stadt, die auf 1.400 Meter Höhe liegt, hat rund

350.000 Einwohner. Die Bevölkerungszahl hat sich seit den 1970er-Jahren versiebenfacht. Kein Wunder, denn Arusha ist das Zentrum des tansanischen Tourismus und neben Daressalam der zweitwichtigste Industriestandort des Landes. Hier werden Getreide, Kapok, Kaffee, Sisal, Kokosfaser und Jute weiterverarbeitet. Begünstigt durch gute Verkehrsanbindungen und den lokalen Regionalflughafen werden in letzter Zeit auch Schnittblumen für den Export angebaut.

In unmittelbarer Nachbarschaft der urbanen Ansiedlung liegt der Arusha-Nationalpark. Dessen Hauptattraktionen sind der erloschene, 4.565 Meter hohe Vulkan Meru und der an seinem Fuß gelegene Ngurdoto-Krater.

Von Arusha aus nehme ich einen »local bus« nach Moshi, da meine Bemühungen, es den Landeskindern gleich zu tun und gratis per Anhalter zu fahren, vergeblich bleiben. In Moshi muss ich zwangsweise eine Nacht bleiben.

Schon früh am nächsten Morgen startet der Bus nach Daressalam, das wir gegen Mittag erreichen. Daressalam ist die größte Stadt des Landes, Sitz einer Universität, eines lutherischen und eines römisch-katholischen Bischofs und hat über 2,7 Millionen Einwohner. Von 1964 bis 1974 war es Landeshauptstadt, bis diese nach Dodoma verlegt wurde.

Die Geschichte von Daressalam, was auf Arabisch »Hafen des Friedens« bedeutet, beginnt erst um 1860. Damals beschloss Sayyid Majid, der Sultan von Sansibar, in dem Dorf Maisma seine neue Residenz zu errichten. Maisma wuchs im Laufe der folgenden Jahre und wurde ausgebaut. Es wurde zur Keimzelle der heutigen Metropole Daressalam. Der Nachfolger von Majid, Sultan Sayyid Khalifa, verpachtete 1888 die Stadt und die gesamte Küste des heutigen Tansanias an die Deutsch-Ostafrikanische Gesellschaft, die dort wirtschaftliche Interessen hatte. Im November 1890 erfolgte der Verkauf des

Pachtlandes an die Gesellschaft. Daressalam wurde Sitz der deutschen Kolonialverwaltung und blieb es bis 1918. Die Stadt ist heute ein Eisenbahnknotenpunkt und Hochseehafen von internationaler Bedeutung.

Von Daressalam aus nehme ich noch am gleichen Nachmittag eine Fähre nach Sansibar, das vor der Stadt im Indischen Ozean liegt. Sansibar gehört zu einer Inselgruppe, die aus den beiden Inseln Sansibar und Pemba besteht. Zwar ist es staatsrechtlich mit Tansania vereint, genießt jedoch Autonomie. So erhält man beim Betreten des Eilandes einen speziellen Einreisestempel, der die Eigenständigkeit Sansibars sichtbar unterstreicht.

Neben dem Tourismus zählt der Handel mit Kokospalmenprodukten und Gewürzen zu den wichtigsten Wirtschaftszweigen der Insel. Insbesondere werden Muskatnuss, Gewürznelken, Zimt und Pfeffer angebaut und in alle Welt exportiert.

Auf der Fähre zahle ich einer Einheimischen die Überfahrt. Dafür schenkt sie mir zwei Röcke. Weiß der Himmel, was ich damit soll! Vielleicht eignen sie sich ja als Mitbringsel für die Daheimgebliebenen?

Quartier beziehe ich im Hotel »Bububu Ressort Lodge«, das zwar sehr schön, aber ein wenig abgelegen ist. Deshalb wechsele ich am nächsten Tag ins »Flamingo Guesthouse«, das mitten in der orientalischen Altstadt von Stonetown liegt. Am Abend gehe ich in das Restaurant »Seafront«, wo ich einen herrlichen Sonnenuntergang über dem Indischen Ozean beobachte. Wieder einmal überkommt mich eine leichte Wehmut, dass ich alleine bin und niemand bei mir ist, mit dem ich meine Gefühle, Eindrücke, Erlebnisse und Gedanken teilen kann.

Natürlich steht auch eine Inseltour auf meinem Sansibar-Programm, das mir einen kleinen Einblick in die abenteuerliche

Geschichte der Insel gibt. So erfahre ich, dass der Name Sansibar aus dem Arabischen abgeleitet ist. Die arabischen Kaufleute, die seit dem 7. Jahrhundert dort vor Anker gingen, nannten die Inselküsten »bar des zandj«. Das bedeutet »Küste des Schwarzen Mannes«. Aus den Kontakten der Araber mit den auf Sansibar ansässigen Schwarzen entstand eine neue Sprache: Suaheli. Dieses Wort leitet sich aus dem arabischen »sahil« für »Küste« ab.

Sansibar ist ein kleines Paradies mit weißen Stränden, hohen Palmen und klarem Wasser. Abends bauen die Händler an der Uferpromenade oberhalb des Meeres ihre Stände auf und bieten neben regionalen Waren auch Köstlichkeiten wie Fisch, Pizza und allerlei Gegrilltes an. In den Ortschaften mischen sich alte Bausubstanz mit europäischem Einfluss. Vor allem die Italiener hinterließen architektonische Spuren. Wohl auch deshalb gibt es eine tägliche Linienverbindung Rom-Sansibar.

Sansibar ist nicht nur die Insel der arabischen Händler, sondern auch der Schauplatz des kürzesten Krieges der Weltgeschichte. Es handelt sich um den englisch-sansibarischen Krieg von 1896. Dieser dauerte lediglich 38 Minuten. Wie kam das? Nach dem Tod des damaligen Sultans von Sansibar ließ sich dessen zweiter Sohn, unterstützt von den Deutschen, zum Herrscher von Sansibar ausrufen. Daraufhin befahl der englische Admiral Sir Harry Rowson, nachdem der selbst ernannte Sultan sich geweigert hatte zurückzutreten, dessen Palast zu beschießen. Nach wenigen Salven floh der falsche Sultan, der Krieg war beendet.

Nachdem ich über den orientalisch geprägten Markt geschlendert bin, miete ich ein kleines Motorrad, um zum Ort Kizimkaze zu gelangen. Dort bin ich der einzige Tourist. Ich kaufe frischen Fisch und lasse ihn mir vor Ort zubereiten.

Nach dieser Mahlzeit chartere ich ein Boot, das mich auf den Indischen Ozean hinausfährt. Ich darf selbst mal ans Ruder.

Da ich aber wohl etwas zu flott fahre, übernimmt der Kapitän sehr schnell wieder. Zwar sehe ich etwa zwanzig Delphine, die sich im warmen Küstenwasser tummeln, jedoch fällt das Schnorcheln wenig spektakulär aus. Ich bekomme kaum Fische zu sehen.

Mit meinem Mietmotorrad fahre ich nach Paje, das an der Ostküste des Eilandes liegt. Es ist sehr windig, doch die Fahrt über den einsamen Strand direkt an den Wellen entlang entschädigt für die steife Brise. Zum Ausklang dieses gelungenen Tages höre ich mir Livemusik im »La Fenice« an. Afrikaner geben hier europäische Musik zum Besten. Das Ganze erinnert mich irgendwie an Karaoke.

Dann heißt es Abschied nehmen von Sansibar. Vormittags finde ich mal wieder Zeit, Tagebuch zu schreiben. Das habe ich in letzter Zeit sträflich vernachlässigt. Am Nachmittag segle ich auf einer Dhow, einem einheimischen Küstenschiff, zurück zum Festland. Es ist eine herrliche Überfahrt, die fünf Stunden dauert. Mir ist sie keine Minute zu lang, denn es gibt viel zu sehen, und ich darf auch mal selbst ans Ruder. Leider kann ich den Kurs nicht halten. Deshalb gebe ich es schnell wieder zurück an den Fachmann.

Das Boot hält 100 Meter vom Strand entfernt, den Rest stapfen wir durchs Wasser. In einem Kleinbus geht es weiter in Richtung Daressalam. Ich übernachte in einem Hotel, das direkt am zentralen Busbahnhof der Stadt steht. Erst später erfahre ich, dass diese Gegend ein heißes Pflaster und für Touristen nicht ganz ungefährlich ist.

Am nächsten Tag, es ist der 14. Juli, fahre ich mit dem Bus nach Arusha. Anscheinend ist es in Afrika ein festes Ritual, dass Kinder auf längeren Busreisen in den Bus kotzen. Diesmal habe ich aber Glück, meine Hose bleibt sauber. Auch wenn sich der Busfahrer offensichtlich einbildet, er wäre der afrikanische Michael Schumacher und eine Fahrweise an den Tag legt, die den schlechten Straßenverhältnissen nicht entspricht.

Nach sechs Stunden und 620 Kilometern erreiche ich Arusha. Ich freue mich schon sehr auf das Abenteuer, das mich am folgenden Tag erwartet: Vom Kilimandscharo International Airport, der südwestlich des namengebenden Bergmassivs auf einer Hochebene in der Nähe von Arusha liegt, unternehme ich einen Rundflug um den Kilimandscharo, den mit 5.895 Metern höchsten Berg Afrikas. Anschließend will ich in die Serengeti weiterfliegen.

Eigentlich besteht der Kilimandscharo, im Nordosten Tansanias gelegen, aus einem Bergmassiv, das von drei Vulkanen gebildet wird. Dessen höchste Erhebung ist der Kibo, der bis auf 4.300 Meter herunter vergletschert ist. Er hat einen 1.000 Meter breiten und 200 Meter tiefen Krater. Erstmalig wurde er im Jahr 1889 von den deutschen Geographen Hans Meyer und Ludwig Purtscheller bestiegen. Sie gaben ihm den heute in Vergessenheit geratenen Namen »Kaiser-Wilhelm-Höhe«. Die beiden anderen Erhebungen des Massivs sind der stark zerklüftete Mawensi (5.270 Meter) und der 4.000 Meter hohe Schira.

Zusammen mit meinem Schwager Werner, der inzwischen zu mir gestoßen ist, und dem Piloten sitze ich in einer kleinen Sportmaschine und umfliege diesen gewaltigen Berg – was für ein Erlebnis. Bei klarer Sicht erkenne ich den Kili, den Mount Meru und den Ngorongro-Krater.

Als wir zum Landeanflug in die Serengeti ansetzen, stehen Antilopen auf der Piste. Doch davon lässt sich der Pilot nicht irritieren, er hält genau auf die Tiere zu. Mein Herz will gerade stehen bleiben, da springen die Antilopen wenige Meter vor der Maschine weg.

Auf der Terrasse einer schönen Lodge am Rande der Serengeti lassen wir den Tag bei Martini mit Eis ausklingen. Der Sonnenuntergang über der weiten Ebene bleibt mir mit seinen unglaublichen Rotschattierungen noch lange im Gedächtnis.

Tags darauf steht der Serengeti–Nationalpark auf dem Programm. Er gehört zu den größten und bekanntesten Naturschutzgebieten der Erde und ist seit 1981 UNESCO–Weltkulturerbe.

Ein Besuch der baumarmen Steppe mit all ihren Wildtieren lockt mich, seit ich den 1960 mit einem Oscar prämierten Dokumentarfilm »Serengeti darf nicht sterben« von Prof. Dr. Bernhard Grzimek gesehen habe. Hier im Herzen Afrikas verlor Prof. Grzimek seinen Sohn bei einem Flugzeugabsturz. Ein Denkmal erinnert an dieses tragische Unglück.

Das Wort Serengeti stammt aus der Sprache der Massai, einem Rinderzüchter- und Kriegervolk, das vorwiegend in Tansania lebt. Das Wort bedeutet »Große Ebene«. Und diese Serengeti ist wirklich so, wie ich sie mir in meiner Phantasie immer vorgestellt habe. Mit dem Jeep lassen wir uns einen ganzen Tag durch die Gegend fahren. Ich sehe jede Menge Tiere in der freien Wildbahn, die man sonst nur aus dem Zoo kennt. Löwen, die ein Zebra verspeisen, Elefanten, Flusspferde, Krokodile, Antilopen und vieles mehr beobachte ich aus nächster Nähe.

Jeder Tag, ja jede Stunde, bringt neue einmalige und unvergessliche Erlebnisse. Am Kraterrand des Ngorongro wohnen wir in einer Lodge, die spektakuläre Einblicke in den Krater ermöglicht. Bei Sonnenuntergang sehe ich dort mein erstes Nashorn live und in Farbe. Dann müssen wir den Park verlassen um unser nächstes Abenteuer nicht zu verpassen – die Besteigung des Kilimandscharo.

Beim Transfer zum Hotel »Provital«, das in Machame am Südfuß des Kilimandscharo steht, werfe ich einen Blick auf den mit Flamingos übersäten Lake Manyara.

Im Hotel treffe ich meine Schwester Anne und Andreas Renner, einen Freund meines Schwagers Werner. Ich bin glücklich. Es ist schön, nach so langer Zeit Besuch aus der Heimat zu erhalten. Die beiden haben mir 20 Kilo Ersatzteile für die Honda mitgebracht. Dafür bin ich sehr dankbar, denn nur so kann ich bis Kapstadt weiterreisen.

Von Machame aus wollen wir vier hinauf auf den Gipfel. Durch den Regenwald marschieren wir in Richtung Schiras Cathedral Gipfel. Der Niederschlag, der dabei auf uns herunterprasselt, schafft eine eigentümliche Atmosphäre. Kurz nach Verlassen der Baumgrenze schlagen wir unser Lager auf.

Am folgenden Tag, als wir das Schira-Camp erreichen, wird es deutlich kälter und windiger. Eine Entschädigung ist der wunderbare Ausblick auf Schiras Cathedral und den Kibo. Wir haben Glück, dass der Himmel wolkenlos ist.

Am dritten Tag unserer Tour erreichen wir das Baranco-Camp. Nun bin ich schon auf über 4.500 Metern. Ich habe Angst, die Höhenkrankheit zu bekommen und nehme vorsorglich eine Diamox-Tablette. Das ist eine gute Prophylaxe, da ich bei anderen vergleichbaren Besteigungen schon an Höhenkrankheit litt. Alles geht gut. Baranco ist meiner Meinung nach das schönste Camp am Kilimandscharo. Natürlich trägt der Sonnenuntergang, der die Bergwände rötlich und gelb erglühen lässt, zu diesem Eindruck bei.

Der nächste Marsch beginnt gleich am Anfang mit einem sehr steilen Anstieg über 300 Höhenmeter. Bei der Luft, die immer dünner wird, ist es eine anstrengende Schinderei. Anne wird von der Höhenkrankheit befallen. Es ist ernsthaft zu bezweifeln, ob sie es auf den Gipfel schaffen wird. Ich bin froh, als das Barafu-Camp endlich in Sicht kommt. Noch ein Blick auf den Kibo und Mawensi, dann rolle ich mich in meinen

Schlafsack und versuche Entspannung zu finden. Das Einschlafen fällt in einer Höhe von 4.900 Metern sehr schwer, egal wie müde man ist.

Unbegreiflich ist mir, wie andere Bergwanderer sich bis in diese Höhe Tische, Stühle, Besteck und Tischdecken nachtragen lassen. Sie bringen es sogar fertig, sich hier oben gebratenen Fisch servieren zu lassen. Für Geld kann man eben fast alles bekommen.

Um 24.00 Uhr ist diese Nacht vorbei. Wir setzen zum Sturm auf den Gipfel an. Es ist saukalt. Ich ziehe alles an, was ich dabei habe. Dann geht es los. An der steilsten Passage schaue ich nur noch auf die Erde. Ich möchte mich nicht von der Steilwand des Berges entmutigen lassen.

Am Stella Point schlucke ich eine Aspirin gegen die Kopfschmerzen, die eine Begleiterscheinung der Anstrengungen in der Höhenluft sind. Dann lege ich einen Zwischenspurt ein. Ich will bei Sonnenaufgang unbedingt am Uhuru-Peak, dem Gipfel, sein. Noch einmal nehme ich alle meine Kräfte zusammen und jogge los. Ganz schaffe ich es nicht. Ich bin noch etwa 500 Meter entfernt, da geht die Sonne auf.

Nach dieser Wanderung, die mit der kurzen Unterbrechung im Barafu-Camp dreizehn Stunden dauerte, sind wir total erschöpft. Doch selbst Anne hat sich trotz einer anfänglichen Schwäche bis zum Gipfel hochgekämpft. Wir sind alle sehr stolz auf unsere Leistung.

Am letzten Tag der Tour erreichen wir nach vier Stunden das Mweka-Gate. Dort erhalten wir Urkunden und T-Shirts, die unseren Aufstieg bestätigen. Wie wohltuend und ungewohnt ist die heiße Dusche, die wir anschließend im Hotel genießen.

Den Abschluss meines Besuches am Kilimandscharo bildet der Besuch der Hosiana-Kirche in Machame. Hier lösen wir ein Versprechen ein: Nach erfolgreicher Bergbesteigung wollen wir zum Dank deutsche Lieder vorsingen.

Zu viert versuchen wir uns an einem alten deutschen Kirchenlied: »Geh aus mein Herz und suche Freud«. Der Refrain dazu erklingt in Kisuaheli aus 500 afrikanischen Mündern. Ein Relikt aus der Kolonialzeit – deutsches Liedgut ist noch präsent.

Am ersten Tag zurück in Nairobi wird mir das Portemonnaie durch einen geschickten Taschendieb geklaut. Ich stehe mitten in der Innenstadt ohne einen Cent. Mary, eine Kenianerin, bemerkt meine Notlage und gibt mir Geld. So kann ich zumindest in Deutschland anrufen. Durch meinen Schwager lasse ich die Kreditkarten sperren, die natürlich auch im Geldbeutel waren. Ersatzkarten werde ich erst in Uganda erhalten.

Bis ich wieder an Bargeld komme, hilft Mary mir aus. Sie ist sehr hilfsbereit, und ihre Art gefällt mir so gut, dass ich jetzt jeden Abend etwas mit ihr unternehme.

Ich beschließe, noch 14 Tage bis Mitte August in Nairobi zu bleiben. Die Zeit brauche ich außer für Mary auch für die Reparatur und Instandsetzung der Honda. Der Einbau des Motors kostet viel Zeit und Schweiß. Dafür lerne ich viel dazu, insbesondere, dass Motorteile sehr sauber sein müssen: Ich verwasche nicht weniger als 30 Liter Benzin zum Reinigen der Einzelteile.

Mit Naitu, einer jungen Massai, die ich eines Tages beim Einkaufen treffe, mache ich einen Ausflug in die Massai Mara. Dieses im Südwesten des Landes liegende Wildschutzgebiet ist die naturgegebene Verlängerung der Serengeti-Steppe. Berühmt sind die gewaltigen Wanderungen der Gnu- und Antilopenherden, die alljährlich von der Serengeti in die Massai Mara und wieder zurück ziehen.

Wie es sich für einen echten Globetrotter gehört, ziehe ich eines Tages weiter. Der Abschied von Mary fällt schwer. Andererseits bin ich froh, nach sechswöchiger Motorradabstinenz wieder im Sattel zu sitzen.

Kapitel 10

# Uganda – im Reich der Berggorillas

Von Nairobi treibt es mich in Richtung Zentralafrika. Meine Fahrt ist durch starken Regen geprägt, der stundenlang auf mich einprasselt. Das erleichtert mir den Abschied von Nairobi und Kenia. Am Abend erreiche ich Eldoret, die viertgrößte Stadt Kenias. Sie liegt im Westen des Landes. Von hier bis zur Staatsgrenze nach Uganda ist es nicht mehr allzu weit. »Eldoret« ist ein Wort aus der Sprache der Massai. Es bedeutet ungefähr »steiniger Fluss«. Tatsächlich ist das Flussbett des Sosiani, der in der Nähe der Stadt fließt, ziemlich felsig.

Eldoret, das heute über eine Viertelmillion Einwohner zählt, ist nicht einmal 100 Jahre alt. Im Jahr 1910 wurde in der Nähe der Farm weißer Siedler eine Poststelle errichtet. Daraus entstand eine kleine Ansiedlung, die zunächst nur »64« oder »Farm 64« genannt wurde. 1912 erhielt sie den Namen Eldoret.

Entscheidend für den wirtschaftlichen Aufschwung von Eldoret, das heute die am schnellsten prosperierende Stadt Kenias ist, war der Anschluss an das Bahnnetz nach Uganda. Dieser erfolgte im Jahr 1924. Bereits 1928 besaß die ganze Stadt fließendes Wasser. 1933 wurde ein Stromgenerator in Betrieb genommen. Heute verfügt Eldoret über einen internationalen Flughafen.

Am nächsten Morgen erreiche ich Uganda. Der Grenzübertritt vollzieht sich rasch und reibungslos. Überrascht bin ich von der freundlichen Herzlichkeit, die mir von den Ugandern entgegengebracht wird. Es ist fast so, als wäre ich ein Gast, den man lange schon erwartet. Auf ugandischer Seite komme ich mit dem Grenzer ins Plaudern. Er ist Bayern-München-Fan, und da wir für das gleiche Team halten, will er mir etwas Gutes tun: Er verzichtet auf die fällige Visumgebühr.

Wir tauschen gerade die letzten Bundesligaergebnisse aus, als ein kleiner kenianischer Junge hereingehastet kommt. Er bittet mich, noch einmal über die Grenzbrücke zurückzukommen. Ich soll mich beim Zoll melden. Ach ja, die Ausreise. Die habe ich vor lauter Fußball völlig vergessen.

Als der Zöllner mein Carnet abstempeln möchte, reibt er sich verwundert die Augen – der Einreisestempel nach Kenia fehlt. Wie ist das möglich? Ich erkläre ihm, dass ich über die grüne Grenze eingereist bin. Dort gibt es kein Zollamt. Hmmmmm ... Nun haben wir zwei Möglichkeiten: entweder zwei Stempel oder keinen. Wir verständigen uns auf die zweite Variante, und ich ziehe vergnügt ab in Richtung Uganda.

Dieses Uganda wurde von Sir Winston Churchill als die »Perle Afrikas« betitelte. In manchen Reiseführern wird das Land auch als die »Schweiz Afrikas« bezeichnet. Ich bin jedenfalls sehr gespannt.

Etwa um 1400 n. Chr. entstanden auf dem Boden des heutigen Staates Uganda verschiedene Königreiche. Neben denen von Akole, Toro und Bunyaro war das Königreich Buganda das mächtigste unter ihnen.

Zu Beginn des 19. Jahrhunderts erreichten arabische Kaufleute das nördlich des Viktoriasees gelegene Gebiet. Von hier aus betrieben sie vor allem die Jagd nach Sklaven und Elfenbein, beides begehrte Handelsware.

In den 1890er-Jahren okkupierten die Briten das Land, das sie in der Folgezeit als Kolonie verwalteten. Am 9. Oktober 1962 wurde Uganda unabhängig. Bereits die Regierungszeit des ersten Premierministers Milton Obote von 1962 bis 1971 war von blutigen Massakern geprägt. Die steigerten sich noch nach dessen Absetzung.

Idi Amin, ein Nilote, der in der britischen Armee als Unteroffizier gedient hatte und jetzt zum Generalmajor aufgestiegen war, nutze einen Auslandsaufenthalt Obotes zum Putsch. Amin, der in die Geschichte des Landes als »Der Schlächter von Afrika« einging, errichtete ein Schreckensregiment, das von 1971 bis 1979 währte. Über 300.000 Ugander ließ er ermorden. Asiaten, vor allem Inder, die im ugandischen Handel eine entscheidende Position hatten, wurden des Landes verwiesen. Im April 1979 wurde die Hauptstadt Kampala von ugandischen Rebellen, die von tansanischem Militär unterstützt wurden, befreit. Idi Amin gelang die Flucht nach Libyen, wo ihm Asyl gewährt wurde.

Seit dieser Zeit ist Uganda nicht mehr zur Ruhe gekommen. Noch jetzt, im Sommer 2004, operiert im Norden des Landes die »Lord's Resistance Army«. Eine Partisanenarmee, die ihre Basis im Sudan hat und in der Bevölkerung wegen ihrer Grausamkeiten gefürchtet ist.

Von alledem bemerke ich nichts. Die Straße, die um den Elgon, einen erloschenen Vulkan, herumführt, ist schlammig, das Fahren sehr anstrengend. Ich rutsche mehrfach weg, halte alle paar Minuten an und muss mit einem kleinen Stöckchen mein Reifenprofil säubern. Das hilft allerdings auch nur für ein paar Meter.

In einer kleinen Furt fällt mir das Motorrad auf die Seite. Ich fluche abartig und bin fertig mit der Welt. Ich sitze am Straßenrand und will nicht mehr. Da naht eine Gruppe von Einheimischen. Sie helfen mir, das Motorrad zu bergen. Wir können uns zwar nicht unterhalten, sie geben mir jedoch wichtige psychologische Unterstützung und motivieren mich weiterzumachen. Sie helfen mir auf die Maschine, schieben mich an und laufen neben dem Motorrad her, damit ich nicht umkippe. Ein rascher Blick zurück zeigt mir eine winkende Menschenmenge. In solchen Momenten weiß man, wofür man sich solche Strapazen antut.

Vorbei an einigen kleinen Wasserfällen erreiche ich die Teerstraße. Jetzt sind es nur noch wenige Kilometer bis Sipi Falls. Dort verbringe ich die Nacht in einer Missionsstation. In abendlicher Runde genießen wir selbst gebrautes Bier. Dabei überreden mich meine Gastgeber zu einem kleinen Abenteuer: Ich soll mich direkt neben dem Wasserfall einhundert Meter in die Tiefe abseilen.

Schon vor dem Start am nächsten Morgen habe ich ziemlich Schiss, mein T-Shirt ist komplett durchgeschwitzt. Dann geht es los. Das Wasser donnert an mir vorbei, ich bekomme Angst abzustürzen. Das Ganze dauert nur fünfzehn Minuten, die mir aber endlos erscheinen. Eine Schulklasse steht unten und beobachtet mich genau. Erwarten sie etwa, dass der Weiße schlapp macht oder abstürzt? Natürlich will ich ihre Sensationslust enttäuschen. Ich spüre, wie mein Adrenalinspiegel immer weiter steigt. Körperlich am Ende, aber glücklich und stolz auf meine Leistung, komme ich unten an. Das hat irre Spaß gemacht. Am liebsten würde ich gleich noch einmal starten. Aber ich muss weiter nach Jinja.

Die Stadt im Südosten Ugandas liegt am Viktoriasee. Sie ist die zweitgrößte Stadt des Landes und wurde 1901 als Handelsstation gegründet. Aktuell hat Jinja fast 100.000 Einwohner.

Entlang am östlichen Ufer des Weißen Nils erreiche ich auf schmaler Straße nach acht Kilometern das Parkgelände, in dem die Bujagali-Wasserfälle liegen. Eigentlich sind es fünf Stromschnellen des Weißen Nils, die auf einer Strecke von sechs Kilometern verteilt sind. Noch vor zehn Jahren war hier nur das großartige Naturschauspiel zu bewundern. Aber gerade in den letzten paar Jahren entstanden viele Campinganlagen und Hotels. Mittlerweile werden auch Wildwasserfahrten angeboten.

Das Gebiet der Bujagalifälle wird aktuell durch den Bau eines großen Staudamms und eines Wasserkraftwerkes bedroht. Es hat seinen Namen von einer Familie, die seit Urzeiten die Verantwortung für die Stromschnellen und die sich in der Nähe befindlichen heiligen Plätze trägt. Der Staudamm gefährdet den natürlichen Lebens- und Kulturraum dieser Bujagali-Familie und weckte deren Widerstand. Insbesondere Nabamba Bujagali, ein über 80-jähriger Heiler, ist dabei sehr aktiv. Er behauptet, die 39. Inkarnation des Geistes der Wasserfälle zu sein. Von ihm wird erzählt, er könne über das Wasser gehen. Wegen seiner magischen Kräfte ist er in ganz Uganda berühmt, wird aber auch von vielen gefürchtet.

Leider bekomme ich diesen interessanten Mann nicht zu Gesicht. Dafür begegnen mir immer wieder Klassen von Schulkindern. Sie machen offensichtlich einen Ausflug. In ihren bunten Trachten und Schuluniformen sehen sie so reizend aus, dass ich sie immer wieder mit der Kamera ablichte.

Am Abend erreiche ich Kampala, die Hauptstadt Ugandas. Dort treffe ich Bernd, Volker und Manuela. Wir übernachten im »Backpackers Hostel«.

Kampala, was »Hügel der Antilopen« bedeutet, entstand aus einer kleinen Festung, die 1890 für die British East Africa Company errichtet wurde. Die Stadt, die 1962 Entebbe als Hauptstadt ablöste, hat zirka 1,5 Millionen Einwohner. Leider liegen noch jetzt viele Gebäude, die während des Bürgerkrieges zerstört wurden, in Trümmern.

In Kampala buche ich die »Gorilla-Tour«, eine Exkursion zu den berühmten, letzten frei lebenden Berggorillas Afrikas. Die Tour kostet 125 US-Dollar, was für das Gebotene sehr günstig ist. Dann kaufe ich mir ein Buch über Ruanda, welches zur Sekundärvorbereitung auf das nächste Land dienen soll. Es trägt den makaberen Titel: »Wir möchten Ihnen Bescheid geben, dass Ihre Familien morgen getötet werden« – We will inform you that your families will be killed tomorrow.

Am Abend werde ich von Volker und Manuela in den »Rock-Garden« eingeladen. Das ist das exklusivste Café von Kampala mit angeschlossener Diskothek. Hier vergnügen sich die Schönen und Reichen. In Wanderstiefeln und Outdoorhosen, meinen einzigen »Zivilklamotten«, falle ich bezüglich der Kleiderordnung etwas aus dem Rahmen.

Mit dem Taxi fahre ich nach Kasyeni, einem Fischerdorf am Viktoriasee. Dort muss ich fünf Stunden auf ein Boot warten, das mich zur Banda-Insel bringt. Das Eiland ist eine richtige Robinson-Insel. Es heißt, es sei dort sehr einsam. Es gibt lediglich ein paar Hütten und die Einheimischen, die diese bewohnen.

Erst gegen Mitternacht erreiche ich die Banda-Insel und bin froh, überhaupt noch etwas zu Essen zu bekommen. Der Vermieter meiner Hütte hat mit meiner Ankunft schon gar nicht mehr gerechnet. Von dieser Art Boote, wie mich eines übersetzte, gingen nämlich pro Jahr schätzungsweise zehn bis zwölf unter, meint er trocken.

Nach der Nachtruhe im »Garten Eden« besuche ich ein Fischerdorf am anderen Ende der Insel. Dort wird der Unterricht extra für mich unterbrochen. Eine Schulklasse singt und tanzt voller Begeisterung für mich. Nach der Rückkehr ins Camp gibt es fangfrischen Fisch aus dem See. Die übermäßigen Pfunde trainiere ich mir mit einer Kanutour ab.

Am folgenden Vormittag genieße ich nochmals ausgiebig den Blick von Banda Island auf das größte Binnengewässer des afrikanischen Kontinents. Dann steige ich über einen Stuhl in ein Boot, das mich zurück zum Festland bringt. Was auf der Fahrt deutlich sichtbar wird: Der See ist stark durch Kupferabwässer verschmutzt. Wenn die Verantwortlichen nicht bald umdenken und ein Bewusstsein für den Umweltschutz entwickeln, droht hier eine ökologische Katastrophe ersten Ranges.

Beim Aussteigen wird man von einem Einheimischen auf dem Rücken an Land getragen. Als mein Träger versucht, das Handy aus meiner Hosentasche zu klauen, fällt es ins Wasser. Der Diebstahl wird mir jedoch erst später klar. Im Augenblick nehme ich an, dass es mir aus der Tasche gefallen ist. Nachdem er mich an Land abgesetzt hat, steigt der Schwarze noch einmal ins Wasser und sucht das Handy, das er tatsächlich auch findet. Leider ist das Motherboard durch das Wasser schon zerstört. Trotzdem gebe ich ihm einen Euro Finderlohn. Er strahlt und würde sich vermutlich sehr darüber freuen, wenn täglich ein Tourist sein Handy »verlieren« würde.

Nach Kampala zurückgekehrt, besuche ich wieder mal ein Internetcafé. Das ist die schnellste, einfachste und sicherste Möglichkeit, um mit Freunden und Bekannten zu kommunizieren.

Abends treffe ich erneut Volker, Manuela und Bernd. Sie haben ihr Quartier auf dem gleichen Campingplatz aufgeschlagen. Trotz schwerer Regenfälle, die während meiner Abwesenheit in Kampala niedergegangen sind, steht mein Zelt noch, das ich zurückgelassen habe.

Bei einigen Spezialisten versuche ich, das Handy reparieren zu lassen. Leider erfolglos. Dann lasse ich meinen Rucksacküberzug in einer kleinen Schneiderei flicken. Als ich ihn wieder abholen will, können sie ihn erst nach langem Suchen finden.

In der folgenden Nacht lerne ich in einer Bar Milly kennen. Milly ist gewissermaßen die Beate Uhse von Uganda, verkauft Erotikseife und fühlt sich ganz als Geschäftsfrau. Ich trinke viel zu viel Bier, fahre betrunken Motorrad und lande schließlich in Millys Bett. Vielleicht müssen solche Erlebnisse einfach zum Leben eines Globetrotters gehören.

Verkatert nehme ich Abschied von Milly, hole mir Geld von der Bank und packe meine Sachen. Nachmittags fahre ich nach Fort Portal, das im Westen Ugandas liegt. Die zirka 300 Kilometer lange Strecke beginnt als Teerstraße. Dann kommt eine Baustelle. Eine sehr lange Baustelle. Ich habe die Wahl, entweder mitten durch den Dreck der Baustelle zu fahren oder im Gelände daneben. Technisch kommt es auf dasselbe heraus.

In Fort Portal, dem Zentrum des ehemaligen Königreichs Toro, das Anfang der 1990er-Jahre kulturell wiederbelebt wurde, nächtige ich in der »Exotic Lodge«. Die Vermieter sind sehr nett. Das Essen und der Wäscheservice sind gut und günstig, das Ganze erinnert an ein Fünf-Sterne-Hotel. Die Leute ermöglichen sogar, dass ich meinen Motorradkoffer nieten und mein Zelt flicken lassen kann.

Von Fort Portal aus unternehme ich eine Wanderung ins Ruwenzori-Gebirge. Es ist schon ein wenig spät, als ich den Ausgangspunkt meiner Tour erreiche. Sieben Stunden lang geht es meist auf schlammigen Pfaden auf und ab durch das Gelände. Teilweise rutsche ich mehr, als dass ich wandere. Mehrfach falle ich auf den Hosenboden. Einmal verlaufe ich mich sogar und mache einen Umweg von über einer Stunde, bis ich endlich auf den richtigen Pfad zurückfinde. Ich bin froh, als mich schließlich ein Pickup überholt und aufliest. Das Auto ist zwar stark überfüllt und es wird sehr eng, aber das ist mir gleich.

Wie kann eigentlich eine ganze Schulklasse auf der Ladefläche Platz finden?
Am nächsten Tag verpasse ich die Schimpansen-Wanderung im Kibale-Nationalpark, weil ich zum falschen Parkeingang fahre. Als Entschädigung geht es weiter zum Kratersee von N'Kuruba. Dort wandere ich mit einem einheimischen Führer und zwei Finnen durch den Regenwald.

Nachmittags schwimme ich in einem glasklaren See und unternehme eine schöne Motorradtour um die Kraterseen. Ich kann mit der Maschine sogar auf die Kraterränder fahren. Spitze! Am Abend sehe ich mir die »Karimbi Tombs« an, die Grabstätten der königlichen Familie von Toro. Sie liegen südlich der Stadt.

Es ist noch dunkel, als ich zum Queen-Elisabeth-Nationalpark aufbreche. Der liegt am Edward- und Georgsee im Süden Ugandas. Von der Mweya-Halbinsel aus beobachte ich viele Tiere, sehe aber leider keine Löwen.

Über Ischara geht es durch die Berge nach Kisoro. Die Kurverei strengt ganz schön an. Spektakuläre Ausblicke und eine Elefantenherde am Wegesrand sind jedoch ein toller Ausgleich für die Schinderei. Am 22. August erreiche ich den See von Matunda. Ich quartiere mich dort in eine Lodge ein, von deren Terrasse ich einen herrlichen Blick auf den Nulka-Vulkan genieße.

Dann steht mein »Gorilla-Tag« an. Von Kisoro aus fahre ich in den Mgahinga-Gorilla-Nationalpark in den Virunga-Bergen. Internationale Berühmtheit erlangte die Gegend durch den Film »Gorillas im Nebel«, der vom Wirken der Tierschützerin Diane Fossey handelt. In dem Kinostreifen geht es um das Schicksal der Berggorillas, das nach Hollywoodmanier tragisch verbrämt dargestellt wird.

Im Nationalpark leben die letzten der mächtigen Berggorillas in freier Wildbahn. Nach einem steilen und schweißtreibenden Anmarsch von fast zwei Stunden zeigt mir mein einheimischer Führer die friedlichen Tiere, die durch Wilderer und Waldabschlag bedroht sind. Nur eine Stunde lang darf man sie beobachten, bewundern und fotografieren. Die Zeit ist so kurz bemessen, damit sich die Tiere nicht an die Menschen gewöhnen. Es sind ja Wildtiere.

Wir sehen eine Gruppe von zirka 15 Gorillas. Eine Mutter trägt ihr Baby auf dem Rücken durch den Dschungel, zwei Halbstarke kämpfen im Dickicht miteinander.

Mein Führer, der im Nationalpark auch die Funktion eines Wildhüters hat, drückt ein Auge zu, als sich ein gewaltiges Gorillamännchen, ein so genannter Silberrücken von 300 Kilo, mir nähert. Normalerweise müsste ich mich zurückziehen. Aber so kann ich einige phantastische Aufnahmen aus einer Distanz von lediglich drei Metern machen. Unglaublich, wie friedlich die Tiere einen Zweig nach dem anderen in sich hineinschieben.

Vermutlich durch die hohe Luftfeuchtigkeit geht meine Kamera kaputt. Glücklicherweise erst auf dem Rückweg. Doch für so herrliche Aufnahmen bin ich gerne bereit Opfer zu bringen.

Die nächste Station ist der See von Bunyoni, der schönste See von Uganda. Dort verbringe ich meine letzte Nacht in Uganda und campe direkt am Wasser. Abends unternehme ich einen Kanuausflug, der einen etwas abenteuerlichen Anstrich bekommt. Das Boot fährt sich ziemlich schwierig und tendiert zum Wackeln. So lande ich einige Male mitten im hier reichlich wuchernden Schilf. Dabei kann ich ein Kentern gerade noch vermeiden.

Kapitel 11

# Ruanda, Burundi, Malawi, Sambia und Botswana – Völkermord im Paradies

Mit Wehmut nehme ich von den Ugandern Abschied. Ihre freundlichen Gesichter bleiben mir tief in Erinnerung. Nachmittags überquere ich die Grenze von Uganda nach Ruanda. Ich nehme Kurs auf die Hauptstadt Kigali. Mit Ruanda, das von 1890 bis zum Ende des Ersten Weltkrieges ein Teil der deutschen Kolonie Deutsch-Ostafrika war, ist einer der schauderhaftesten Völkermorde der neuesten afrikanischen Geschichte verbunden. Zwischen April und Juni 1994 ermordeten Angehörige des Volksstammes der Hutu über 750.000 Tutsi und etwa 50.000 Angehörige ihres eigenen Volkes.

Wie wahnsinnig das Ganze ist, wird einem klar, wenn man weiß, dass es in Ruanda genau genommen nur ein Volk gibt, das die gleiche Sprache spricht und die gleiche Geschichte hat. Es waren die europäischen Kolonialherren, vor allem die Belgier, die für die heutige Differenzierung zwischen Tutsi und Hutu verantwortlich sind. Denn sie nutzten, da sie keine landeseigenen Verwaltungsstrukturen der Einheimischen dulden wollten, die vorhandenen gesellschaftlichen Strukturen für ihre Zwecke aus. Sie unterteilten die Ruander in drei gesellschaftliche Klassen, die sie als Stämme bezeichneten. Dieses sind die Tutsi (Rinderzüchter), die Hutu (Bauern) und die Twa (Jäger, Sammler und Töpfer). Besonders eigenartig ist, dass die Tutsi durch deutsche Rassenforscher um 1890 als hellhäutige, blaublütige, hochwüchsige Herrenrasse bezeichnet werden, die vermutlich aus dem Niltal einwanderte.

Für die weiteren historischen Abläufe in Ruanda war entscheidend, dass die Minderheit der Tutsi fortan eine privilegierte Schicht darstellte, die rassisch wertvoller als die Mehrheit der »servilen, bäuerlichen, negroiden und untersetzten« Hutu war. Tragisch auch, dass die Tutsi diese Meinung begeistert aufnahmen und sich fortan als die »schwarzen Weißen« fühlten.

Mitte der 1930er-Jahre führten die belgischen Kolonialherren eine Volkszählung durch. Dabei wurde auch die Stammeszugehörigkeit festgelegt. Die Zählmethode war simpel, aber effektiv: Wer zehn und mehr Rinder besaß, war ein Tutsi. Unter zehn Rindern ein Hutu, und wer kein Rind besaß, wurde den Twa zugezählt. 1939 wurde die Rassenzugehörigkeit sogar in die von den Belgiern ausgegebenen Personalausweise eingetragen.

Eine rigorose Kolonialpolitik, die die Tutsi bevorzugte, vergiftete fortan das Klima zwischen den Ruandern. So wurde beispielsweise zunächst nur den Tutsi, die zumeist Mitglieder der Königsfamilie oder der alten Eliten waren, der Besuch der Kolonialschulen gestattet. Deren Absolvierung war aber Voraussetzung, um bei der belgischen Kolonialverwaltung arbeiten zu dürfen. Gerne bedienten sich die Belgier auch dieser Tutsi, um die verhassten Zwangsarbeiten und Abgaben bei den Hutu und Twa einzufordern.

Für Konfliktstoff wurde gesorgt, als die Tutsi begannen, eigene Ideen zu äußern. Als Gegenreaktion förderten die Belgier und die katholische Mission nun die zahlenmäßig stärkeren Hutu. Die Folge: Nach dem Ende der Kolonialisierung 1959 übernahmen die Hutu die Macht in Ruanda, und die Rache an den Tutsi nahm ihren Lauf. Nach gelegentlichen Massakern und Vertreibungen an den Tutsi steigerte sich der jahrzehntelange Konflikt 1994 zum Völkermord, dem fast 90 Prozent der Tutsi zum Opfer fielen.

Besonders erschüttert es mich, als ich erfahre, dass Flüchtlinge, die in Kirchen und Schulen Schutz gesucht hatten, teilweise von katholischen Priestern und Lehrern ihren Henkern ausgeliefert wurden.

Erst seit dem Jahr 2002 wird der Völkermord durch die so genannten »Gacaca-Gerichte« bestraft und aufgearbeitet. Dadurch kommt es langsam wieder zu einer Verständigung zwischen Tutsi und Hutu. Unter dem Motto »Wir sind Ruander« soll ein Schlussstrich gezogen werden. Vieles aber, da bin ich mir sicher, wird für immer im Dunkeln und ein Geheimnis bleiben.

Auf dem Weg nach Kigali fahre ich mal wieder meinen Tank leer. Wer sein Fahrzeug liebt, der schiebt. Zum Glück nur zwei Kilometer weit, dann finde ich eine Tankstelle, und es kann weitergehen Richtung Hauptstadt.

Das hübsch am Fluss Kagera gelegene Kigali und sein mildes Klima genieße ich sehr. Besonders gefällt mir der noch in seiner verblassenden und zerfallenden Schönheit erkennbare europäische Flair der Kolonialzeit, den die 650.000-Einwohner-Stadt immer noch unübersehbar ausstrahlt. Vermutlich wird diese Atmosphäre durch den internationalen Flughafen, der über indirekte tägliche Verbindungen nach Europa verfügt, durch die technische Hochschule und durch die französische, englische und belgische Schule gefördert.

Erstaunt bin ich über den meist guten Zustand der Verkehrswege. Strom und Wasser sind leider Mangelwaren und stehen nur stundenweise zur Verfügung. Für den Notfall erhalte ich im Hotel daher zwei Kerzen und Streichhölzer. Ab 20.00 Uhr läuft nichts mehr in Bezug auf Wasser und Strom.

Über diesen Mangel trösten mich Buletten mit Senf und europäisches Bier hinweg. Was gibt es Schöneres als ein kühles, blondes, perlendes heimisches Bier? Das ist doch etwas ganz anderes als die diversen Produkte der afrikanischen Brauereien, die ich bisher in unterschiedlichster Färbung, Frische, Temperatur, Geschmack und Verträglichkeit getrunken habe.

Bei meiner Ankunft in Kigali bildet sich im Nu eine Traube Neugieriger um mein Motorrad. Fast wie ein Star komme ich mir vor. 30 Mopeds geben mir Geleitschutz zum Hotel.

Den ersten Tag verbringe ich damit, dass ich Geld umtausche, einkaufe, diverse Erkundigungen für die Weiterreise einhole und erneut versuche, mein Handy zu reparieren.

Am Abend gehe ich ins Hotel »Mille de Collines«, das durch den Film »Hotel Ruanda« bekannt wurde. Dort treffe ich Jean-Baptiste, einen Tutsi, der in Tränen ausbricht, als er mir über das Schicksal seiner Familie erzählt. Er hat alle verloren, er selbst konnte nur überleben, weil er zu der Zeit in Südafrika studierte.

Der Besuch der nationalen Gedenkstätte des Völkermordes von 1994, auf der über eine Viertelmillion Menschen ihre letzte Ruhestätte gefunden haben, ist eine herbe Angelegenheit. Warum tun sich Menschen gegenseitig so etwas an? Das ist durch nichts zu rechtfertigen. Lernen wir denn nie dazu? Jeden Samstag werden auf diesem Friedhof die Toten des Massenmordes beigesetzt, die man immer noch im ganzen Land findet. Mal sind es zehn, dann wieder dreißig oder fünfzig.

Ich bin froh, als ich diesen bedrückenden Ort endlich hinter mir lasse. Ich fahre weiter nach Ruhengeri, das im Norden des Landes in einer Lavaebene liegt und streife dabei die Seen von Ruhondo und Burera. Unweit der Ansiedlung erheben sich die bis zu 4.500 Meter hohen Virunga-Vulkane, wo sich weitere Populationen der Berggorillas aufhalten.

In Ruhengeri finde ich in einer kirchlichen Unterkunft Obdach. Nachdem ich mich mit einigen jugendlichen Einheimischen unterhalten habe, die Zeugen des Massenmordes waren, schlafe und träume ich schlecht. Immer wieder tauchen grauenhafte Bilder vor meinen Augen auf. Schweißgebadet werde ich wach, weil ich glaube, dass ich an eine Macheten schwingende Mörderbande ausgeliefert wurde. Meine lebhafte Phantasie hat offensichtlich Probleme, das Gehörte und Gesehene des Tages zu verarbeiten.

Ein strahlender Morgen verscheucht die dunklen Erinnerungen. Ich bike nach Gisenyi. Eigentlich möchte ich von dort aus noch einen Abstecher nach Goma machen, das im benachbarten Kongo liegt. 30 US-Dollar Visumgebühren, die der Ausflug kosten soll, sind mir letztlich doch zu viel.

Ich investiere das Geld lieber im Restaurant Kivu-Sun und esse dort eine europäische Käseplatte. Dabei treffe ich Milton, Jürgen und Terence, drei Bergarbeiter, die mich gleich zu einer Grillparty für den Abend einladen. Mit Blick auf den Kivu-See und seine zerklüfteten Buchten, die mich an die Fjorde Norwegens erinnern, veranstalten wir ein gemütliches Barbecue.

So gestärkt erreiche ich auf Schotterstraßen Kibuye, eine am Kivu-See gelegene Kleinstadt. Romantisch steht dort eine alte Missionsstation auf einem Felsen, der weit in das Binnengewässer hineinragt. Zahlreiche Boote und Fischerhäuser sind direkt am Strand zu sehen. Dort esse ich gegrillten Tilpia. Dieser Fisch kommt direkt aus dem See auf meinen Teller.

Die hübsche, aber zur Zeit geschlossene Touristenanlage und

die Kirche, in der 11.400 Tutsi abgeschlachtet wurden, erinnern mich wieder an den Völkermord. Vor diesen dunklen Tagen Ruandas lebten in der Präfektur von Kibuye 250.000 Tutsi. Lediglich ein kleiner Rest, etwa 8.000 Seelen, überlebten den Blutrausch der Hutu. Abends nehme ich Quartier in einem Gästehaus.

Trotz einer anstrengenden Wanderung, die mich am folgenden Tag sechs Stunden durch den Nyungwe-Wald führt, bekomme ich die dort ansässigen Schimpansen nicht zu Gesicht. Überhaupt ist das heute mal wieder nicht mein Glückstag. Plötzlich stehe ich mitten im Wald ohne Sprit da. Ich muss die Honda und die Ausrüstung mutterseelenallein in der Landschaft stehen lassen. Panik stellt sich ein. Was ist, wenn mir alles gestohlen wird? Doch ich habe Glück. Als ich mit dem Benzin zurückkomme, steht alles noch unberührt, so wie ich es verlassen habe.

Nachmittags stoße ich auf die Gedenkstätte von Miramba, wo sich ein besonders schauderhaftes Verbrechen zutrug: Knapp 50.000 Männer, Frauen und Kinder der Tutsi wurden dort ermordet, nachdem man sie in der Schule zusammengetrieben hatte. Ein Teil der Leichname ist dort aufgebahrt und mit Kalk überstreut. Anblick und Geruch drängen mich schnell zur Weiterfahrt.

Unterwegs halte ich an einem Markt an und kaufe nach zähen Verhandlungen zwei Avocados. Ich schäle sie vor Ort. Dieses Ereignis bestaunen etwa 300 Leute und blockieren dabei die Hauptverkehrsstraße. Vorbeikommende Lkw hupen sich ihren Weg durch die Massen. Ich fahre besser weiter, bevor noch einer von den Neugierigen umgefahren wird.

Das im Süden Ruandas gelegene Butare ist der Ort dieses Landes, an dem ich am meisten Kultur verspüre. Die Stadt, während der belgischen Kolonialzeit angelegt, war auch Sitz der belgischen Verwaltung der Doppelkolonie Ruanda-Burundi. Zahlreiche Gebäude erinnern an diese Epoche. Heute sitzt in Butare die nationale Universität des Landes. Die vorkoloniale Epoche der Region wird im Museum der Stadt dargestellt. Neben anderen interessanten Exponaten bewundere ich die landestypischen traditionellen Grashäuser, die hier nachgebaut wurden. Das prächtigste von ihnen stellt das des Mwami, des Königs, dar.

In Butare gibt es endlich mal wieder ein Internet-Café. Dort schreibe ich E-Mails und labe mich an europäischem Kaffee. Ein solcher von Ruhe geprägter Tag ist nach den gesammelten Eindrücken dringend nötig. Ein Tag Atempause während meiner einjährigen Atempause.

Am folgenden Mittag erreiche ich nach 158 Kilometer Fahrt in Richtung Süden Bujumbara, die Hauptstadt von Burundi. Dort lerne ich Josephine kennen, die mit einem Deutschen verheiratet ist und aus Burundi stammt. Sie ist die Managerin von DHL in Bujumbara. Mir schlägt sofort eine Popularitätswelle entgegen, als wir feststellen, dass wir aus der gleichen Region in Deutschland kommen. Die Welt ist halt doch ein Dorf, selbst in Afrika.

Dann erfahre ich, dass die »MV Liemba«, mit der ich den Tanganjikasee überqueren möchte, erst ab Kigoma in Tansania fährt. Kigoma ist der einzige Hafen im Norden des Sees mit fester Hafenanlage. An allen anderen Plätzen findet die Ent- und Beladung des Schiffes mit Hilfe von Booten mitten auf dem See statt. Das gilt für Waren und Passagiere. Ich beschließe über Nacht in Bujumbara zu bleiben und morgen die Grenze nach Tansania zu übertreten.

Robert und Nadine, ein Pärchen aus Bonn, zeigen mir die Stadt, die nicht sonderlich spektakulär ist. Sie ist gezeichnet vom anhaltenden Bürgerkrieg.

Am Spätnachmittag baden wir im Tanganjikasee. Ein Meter hohe Wellen wie am offenen Meer schlagen uns entgegen, wir staunen nur so. Der See ist der tiefste und zweitgrößte Afrikas. Daneben besitzt er das größte Frischwasservorkommen des ganzen Kontinents und liegt weltweit damit auf Platz zwei. Bei einer Breite von durchschnittlich 50 Kilometern ist er in nord-südlicher Richtung 673 Kilometer lang. Seine tiefste Stelle im nördlichen Teil des Binnengewässers beträgt 1.470 Meter. Der See, der von über dreihundert Fischarten besiedelt ist, teilt sich unter vier Anrainerstaaten auf: die Demokratische Republik Kongo (früher Zaire), Tansania, Sambia und Burundi.

Am Abend werde ich von Josephine zur Grillparty eingeladen. Dort treffe ich auf Frau Kühn, die als Verbindungsperson für die deutsche Botschaft tätig ist. Sie erzählt mir von einem Motorradreisenden, der alleine durch Afrika unterwegs ist und über die deutsche Botschaft in Nairobi sein Motorrad in Deutschland abgemeldet hat. Moment mal – bin das nicht ich? Wir lachen schallend. Jetzt eilt mir mein Ruf schon voraus.

Es wird ein wunderbarer Abend in Josephines stilvoll eingerichtetem Garten, der leider abrupt enden muss, denn alle müssen nach Hause. Ab Mitternacht herrscht nächtliche Ausgangssperre.

Heute ist der 1. September. Mit einem flauen Gefühl fahre ich die Straße direkt am See entlang. Hier sollen sich noch immer Rebellen herumtreiben, die der Bürgerkrieg zurückgelassen hat. Für die wäre ich wohl eine einfache Beute. So fahre ich mit ziemlich Schiss an den schneeweißen Stränden des Tanganjikasees entlang. Wäre die politische Situation nicht so angespannt, würden sich hier Badende tummeln, so aber sieht man keine Menschenseele.

An der Grenze zu Tansania, die ich auf dem Weg nach Kigoma wieder überschreiten muss, gibt es Probleme. Der zuständige Offizier der Einwanderungsbehörde ist im Krankenhaus, um sich irgendetwas behandeln zu lassen. Ich soll ihn holen, damit er den notwendigen Einreisestempel in meinen Pass drücken kann. Was bleibt mir anderes übrig? Natürlich dauert das Ganze Unternehmen unendlich lange. Zusätzlich verliere ich eine Stunde durch die Zeitumstellung von Ruanda nach Tansania. Dementsprechend wird die restliche Strecke nach Kigoma ein einziges Rennen gegen die Zeit, das ich zum Glück gewinne, denn mein Schiff fährt nur einmal in der Woche.

Um 16.00 Uhr sollte die »MV Liemba« in See stechen. Aber was bedeutet hier schon Fahrplan und Pünktlichkeit? Wir sind im tiefsten Zentralafrika. Da gehen die Uhren anders. Daran habe ich mich schon gewöhnt. So wird es 17.30 Uhr, als endlich alle Formalitäten erledigt sind und wir ablegen können.

Die »MV Liemba« hat eine interessante Geschichte. Sie ist das einzige große Passagierschiff auf dem See. Kurz vor dem 1. Weltkrieg wurde sie auf der Meyer-Werft im norddeutschen Papenburg gebaut und erhielt den Namen »MS Graf Goetzen«. Wieder zerlegt in 5.000 Einzelteile, wurde sie nach Deutsch-Ostafrika verschifft, um per Eisenbahn sowie auf dem Rücken afrikanischer Träger den See zu erreichen. Dort wurde sie von drei deutschen Ingenieuren der Meyer-Werft zusammengesetzt.

Im 1. Weltkrieg kämpfte das Schiff gegen die Engländer, kenterte bei einem Gefecht und wurde schließlich von den Deutschen selbst versenkt. Nach dem Krieg hoben es die Engländer und stellten es wieder in Betrieb.

Seit nunmehr 90 Jahren tut die »Graf Goetzen/MV Liemba« jetzt schon ihren Dienst auf dem Tanganjikasee. Ich genieße es, 48 Stunden lang das Treiben an Bord und auf dem See in Ruhe zu beobachten. Das Ganze ist zwar keine Luxuskreuzfahrt, aber trotzdem gibt es immer wieder etwas Neues zu sehen, dass mein Interesse weckt. Die Ladung des Schiffes besteht überwiegend aus Ananas und Bananen.

In Mpulungu, am südlichen Ende des Sees, erreichen wir das Staatsgebiet von Sambia. Wieder einmal gibt es typisch afrikanisches Hickhack. Die notwendigen Zollformalitäten sind zwar schnell erledigt, aber dann soll ich eine zusätzliche »Entladegebühr« für die Honda bezahlen. Nach einem kurzen Streit füge ich mich. Was soll ich auch sonst machen? Ich bin hier der Ausländer und sitze im Extremfall am kürzeren Hebel. Voller Wut zerreiße ich die Quittung und werfe die Papierschnitzel auf den Boden, direkt vor die Füße der Zollbeamten. Das hätte ich besser nicht getan, denn nun wird auch noch mein Gepäck gefilzt. Wieder etwas gelernt: Beim nächsten Mal werde ich schlauer sein und mich still in das Unvermeidliche fügen.

Endlich an Land angekommen, fahre ich zum Kalambo-Wasserfall. 197 Meter stürzt hier das Wasser donnernd in die Tiefe. Ich bin ganz alleine, kein Mensch ist zu sehen. So kann ich dieses einmalige Naturschauspiel in Ruhe genießen. Niemand stört mich, wie schön.

In dieser Nacht schlafe ich in einem Golf-Club. Die gesunde Seeluft der letzten Tage und das Bier, das ich spendiert bekomme, lassen mich erholsam ruhen.

Sehr früh am Morgen breche ich auf. Heute will ich es unbedingt bis nach Malawi schaffen, was immerhin 350 Kilometer Fahrt bedeutet. Unterwegs stürze ich zweimal – einmal auf regennasser Fahrbahn und dann in einer Art Sandbunker. Zum Glück komme ich mit dem Schrecken davon.

Schon hundert Kilometer vor der Staatsgrenze gerate ich in eine Zollkontrolle. Das ist ungewöhnlich. Anschließend wird die Straße sehr rustikal und unwegsam, manchmal ist sie nur so breit wie eine Fahrradspur. Aha, da haben wir den Grund für die frühe Kontrolle: Die Grenzpolizisten wollten dieses Teilstück meiden. Sie hatten wohl Angst stecken zu bleiben.

Schöne Häuser mit Strohdach säumen den Straßenrand. Ich werde zu einem Drink eingeladen, der ausschließlich aus frischem, rohem Hühnerei zu bestehen scheint.

Es dämmert schon, als ich endlich die Grenzschilder von Malawi im Licht meines Scheinwerfers aufleuchten sehe. Die Dunkelheit bricht rasch herein. Ich bin froh, dass ich in einer nahen Polizeistation mein müdes Haupt zur Ruhe betten kann. Wer weiß, welche Überraschungen morgen für mich auf dem Reiseprogramm stehen?

Zunächst läuft der Tag gut an. Es geht zügig in Richtung Nyika-Plateau. Plötzlich bleibt die Africa Twin mit einem Ruck stehen. Keine Ahnung weshalb. Also schieben bis nach Chelinda. Dort kann mir niemand helfen, denn keiner ist des Englischen mächtig. Also gut: Selbst ist der Mann. Nach einigem Suchen finde ich die Ursache des Problems – der Luftfilter ist völlig zugesetzt.

Beruhigt, dass es nichts Schlimmeres ist, unternehme ich am Nachmittag eine Besichtigungsfahrt auf das nahe gelegene Nyika-Plateau. Ein weiträumiges Gelände und damit ideal für mehrtägige Pferdeausritte.

Mein Ritt geht weiter zum Malawisee. Dort miete ich ein kleines Chalet, das direkt am Ufer steht. Der See, der früher den Namen »Njassa-See« trug, zählt zu den größten Seen des Ostafrikanischen Grabenbruchs. Er ist mit einer Länge von 560 Kilometern und einer Breite von 80 Kilometern der neuntgrößte See unseres Planeten. Das Gewässer trägt den Beinamen »Herz von Afrika« und ist für sein glasklares Wasser und seinen Artenreichtum bekannt.

Noch vor den zahlreichen Krokodilen, die im fischreichen See viel Nahrung finden, sind es die Flusspferde, die für den Menschen eine ernste Gefahr darstellen. Alljährlich kommen am Malawisee mehr Menschen durch Nilpferde als durch Krokodile zu Tode. Zwar handelt es sich bei den Flusspferden um reine Pflanzenfresser, fühlen sich diese aber in die Enge getrieben – insbesondere wenn sie Junge führen – dann entwickeln die so gemütlich aussehenden Tiere enorme Geschwindigkeiten und Angriffsgeist. Begünstigt durch ihr großes Lungenvolumen, das sie länger als andere Säugetiere die Luft anhalten lässt, ziehen sie ihre Opfer unter Wasser und ertränken sie.

Gefährlich kann es auch werden, wenn man die unbewohnten kleineren Eilande des Sees besucht. Dort gibt es viele Wildtiere. Insbesondere vor den Seepythons und den Waranen, die ziemlich groß sein können, werde ich von den Einheimischen gewarnt.

Von meinem Chalet aus beobachte ich die »Ilala«, ein Dampfmotorschiff, das den Fracht- und Passagierverkehr auf dem See übernimmt. Es läuft regelmäßig die Häfen am Seeufer und die Inseln Chizumulu und Likoma an.

Diese herrliche Gegend eignet sich perfekt für Motorradtouren. Endlich kann ich meine Maschine mal wieder richtig ausfahren. Ich besuche Cape Maclear, wo ich direkt am Strand frisch gegrillten Fisch esse.

Im »Fat Monkeys« treffe ich Kay und Bettina. Die beiden sind aus der Schweiz hierher gekommen. Erst waren sie auf einem Motorrad unterwegs, das sie nach kurzer Zeit jedoch gegen einen Geländewagen getauscht haben. Sie wollen sich eine neue Bleibe im südlichen Afrika suchen.

Am Cape Maclear mache ich zwei Tage Rast. Ich hänge gemütlich herum, schaue mir das kleine Dorf an und mache einen Ausflug nach Thumbi Island. Bei den Tauchgängen im See kommt man sich vor wie im Aquarium – welch ein Fischreichtum. Die meisten Fische aus deutschen Aquarien stammen von hier.

Beim Bier in einer Bar fällt mein Blick auf den an der Wand hängenden Kalender. Ein Schreck durchzuckt mich: Heute ist schon der 9. September. Wie schnell die Zeit vergeht. Meine Afrikareise kommt also langsam auf die Zielgerade. Mitte September will ich schon in Namibia sein, und im Dezember soll und muss es zurück nach Deutschland gehen.

So manches Mal, gerade in der letzten Wochen, kam mir der Gedanke, komplett auszusteigen und mir hier irgendwo auf dem Schwarzen Kontinent eine Existenz aufzubauen, die so ganz anders sein würde als alles, was mich in Deutschland erwartet. Doch bisher konnte ich mich trotz aller Traumgebäude, die ich mir in Gedanken schon aufgebaut hatte, noch nicht dazu durchringen, diesen Plan zu realisieren.

Lilongwe, die Hauptstadt Malawis, liegt 235 Kilometer von Cape Maclear entfernt. Die schöne, bergige Landschaft, durch die die Strecke führt, entschädigt für die 100 Kilometer lange Dauerbaustelle, die ich dabei zu bewältigen habe.

Lilongwe wurde erst im Jahr 1947 gegründet. Im Südwesten des Landes auf einer Hochebene am Lilongwe-Fluss gelegen, hat die Stadt 650.000 Einwohner. Sie ist Sitz einer landwirtschaftlichen Hochschule, Verwaltungszentrum und seit 1975 die Hauptstadt des Staates. Was mir auffällt, sind die riesigen Grundstücke, die die einzelnen Gebäude umgeben, und die parkähnlichen Boulevards. Mit Fläche muss hier anscheinend nicht gespart werden. Interessant ist der Besuch der Altstadt, wo der Handel überwiegend in indischer Hand ist.

Ich verlasse Lilongwe und reise weiter in Richtung Sambia zum »Bridge-Camp«. Das ist eine sehr schöne und einsame Lodge, die von einem niederländischen Ehepaar geführt wird. Die beiden stiegen vor Jahren aus dem Trubel der südafrikanischen Metropole Kapstadt aus. Zum Abschied am nächsten Morgen schenken sie mir Bier, und wir machen ein Foto für das Gästebuch.

Weiter geht es über Lusaka nach Livingstone, das ich gegen Abend erreiche. In den letzten beiden Tagen habe ich über 1.300 Kilometer im Sattel gesessen – das reicht. Jetzt brauche ich dringend eine Atempause.

Livingstone ist eine nette Kleinstadt direkt am Ufer des Sambesi-Flusses. Wirtschaftlich ist sie von den Touristen abhängig, die die nahe gelegenen Viktoria-Wasserfälle besuchen.

Den ersten Tag in Livingstone vertrödele ich. Ich möchte fit für die Raftingtour auf dem Sambesi sein, die ich für den nächsten Tag gebucht habe. Die wird dann auch wirklich super. Es macht viel Freude, in dem wilden, reißenden Gewässer zu paddeln und von der Gischt nass gespritzt zu werden. Einige der Bootsinsassen nehmen zwangsweise ein Bad, als wir die Stromschnellen durchfahren.

Am letzten Tag in Livingstone steht der Besuch der Viktoria-Fälle auf dem Programm. Von diesen bin ich total begeistert: Auf 1.700 Metern stürzt hier der Sambesi 106 Meter tief in eine Schlucht. Das ist nach den Iguazu-Fällen in Südamerika der zweitgrößte Wasserfall der Erde. In der Sprache der Einheimischen wird er »Mosi-oa-Tunga« genannt. Das bedeutet soviel wie: »Der tosende Rauch«. Dieser Name wird mir verständlich, als ich die gewaltigen Wassermassen sehe, die sich in schäumender Flut laut brausend in die Tiefe stürzen.

Direkt auf den Fällen besteht in den Sommermonaten die Gelegenheit, im Sambesi zu schwimmen. Sam, den ich an den Fällen kennengelernt habe, zeigt mir eine Stelle, wo es ungefährlich ist. Natürlich nutze ich diese einmalige Möglichkeit. Dann nehme ich Abschied von diesem bezaubernden Ort.

Am 16. September erreiche ich zwischen Livingstone und Kasane die Grenze von Botswana. Botswana, das mit einer Fläche von zirka 600.000 Quadratkilometern etwas größer als Frankreich ist, hat nur knapp 1,6 Millionen Einwohner. Mit 2,6 Einwohnern pro Quadratkilometer zählt es zu den am dünnsten besiedelten Ländern unseres Planeten. Einen traurigen Rekord stellt Botswana, das 1966 von Großbritannien unabhängig wurde, im Bezug auf die AIDS –Rate auf: Über 40 Prozent der Erwachsenen sind HIV-positiv. Alle drei Stunden stirbt dort ein Mensch an AIDS. Botswana, das die zweithöchste Infektionsrate der Erde hat, wird damit vor immer größere sozioökonomische Probleme gestellt.

Von all diesen Dingen höre und sehe ich nichts, als ich am Abend eine Bootstour auf dem Chobe-River genieße und anschließend mit Anne und Wilfried, einem Globetrotterpaar aus meiner zweiten Heimat Hannover, grille.

Neben Giraffen und Zebras, an deren Anblick ich mich fast schon gewöhnt habe, begegne ich auf meiner weiteren Reise zum »Ngepi-Camp« endlich meiner ersten Elefantenherde in freier Wildbahn. Gemächlich wandern die Riesen über die Straße, ich bin nur 100 Meter von ihnen entfernt. Das ist für mich ein Schlüsselerlebnis, das ich nie vergessen und für immer mit dieser Reise verbinden werde.

Vom »Ngepi-Camp« geht es weiter nach Seronga. Ich muss unterwegs kreuz und quer durch das Gelände zacken, da so manche Piste kaum zu finden ist. Die Straße, die durch unattraktives Buschland führt, ist staubig und sandig.

Ich bin froh, als ich in Seronga ankomme, wo ich eine Bootstour für das Okawango-Delta buche. Der Fluss, der im Hochland von Angola entspringt und etwa 1.700 Kilometer lang ist, heißt in seinem Oberlauf Cubango. Erst in seinem mittleren Abschnitt wird er Okawango genannt. Das Gewässer bildet über 400 Kilometer weit die Grenze zwischen Angola und Namibia und versickert nach Durchquerung der südwestafrikanischen Region Caprivizipfel in den Feuchtgebieten des abflusslosen Okawango-Beckens, einem 15.000 Quadratkilometer großen und morastigen Binnendelta. Dort verbringe ich einen wunderschönen Tag mit der Beobachtung zahlreicher Wildtiere, die mir auf einem ausgiebigen Spaziergang begegnen.

Von Seronga geht es weiter nach Shakawe, meiner letzten Station in Botswana. Als ich auf der dortigen Polizeistation um Asyl bitte, da ich mal wieder einen Platten habe, ist es bereits dunkel. Die Polizisten behandeln mich wie einen Schwerstverbrecher und wollen meine kompletten Daten aufnehmen. Dafür kassieren sie meinen Reisepass. Das kann ja wohl nicht sein. Ich werde wütend. Da fällt mein Blick auf ein Plakat mit den zehn Dienstleistungsregeln für Polizisten. Zum Glück ist es in Englisch abgefasst. Eine der Anweisungen lautet: »Seien Sie freundlich!«

Ich erkläre den unverschämten Typen, dass ich es sehr bedauerlich fände, als deutscher Tourist von ihnen so unfreundlich behandelt zu werden. Dabei deute ich auf die Dienstanweisung. Schlagartig ändert sich die Stimmung. Die Polizisten werden überaus höflich und laden mich sogar noch zum Essen ein.

Noch einmal genieße ich die Atmosphäre des Okawango-Deltas in der Abenddämmerung. Ich glaube, im letzten Tageslicht habe ich die scheue Sitatanga-Antilope gesehen.

Kapitel 12

# Namibia – Camping bei den Himba

Am ersten kalendarischen Herbsttag überschreite ich die Grenze nach Namibia. Nach dem Frühstück muss ich noch einen Platten flicken, den ich mir gestern auf der Fahrt von Seronga nach Shakawe gerissen habe.

Auf dem Weg nach Tsumeb verkalkuliere ich mich – die Strecke ist länger als ich gedacht habe. Schließlich ist mein Tank leer. Trockengefahren stehe ich auf der Landstraße. Weit und breit keine Tankstelle zu sehen. Nur eine Farm zeichnet sich am Horizont ab.

Die Farmerin ist sehr unfreundlich zu mir, obwohl sie offensichtlich aus Deutschland stammt. Da sie nicht bereit ist, mir Benzin zu verkaufen, muss ich per Anhalter Richtung Tsumeb fahren. Den Sprit in einigen Plastikflaschen abgefüllt, kehre ich zur Farm zurück.

Wegen der einbrechenden Dunkelheit bitte ich die Farmerin um Erlaubnis, auf ihrem Gelände zelten zu dürfen. Doch sie lehnt ab. Sie sei vor kurzem überfallen worden und deshalb so vorsichtig. Ich frage sie, ob ich aussehe wie ein Schwerverbrecher? Doch sie ändert ihre Meinung nicht.

Tsumeb, das im so genannten Otavi-Dreieck liegt, wird vom Klima begünstigt. Hier fällt relativ viel Regen, Farmbau ist also möglich. Alle anderen Regionen des Wüstenstaates Namibia sind zu trocken dafür. Das ganze Land wird nur von zwei wasserführenden Flüssen durchflossen, den Kunene im Norden und den Oranje im Süden.

Produziert werden im Otavi-Dreieck zumeist diverse Gemüsearten, Weizen und Mais. Der Ort, der den Beinamen »Gartenstadt« trägt, genießt unter Geologen einen internationalen Ruf. Im Gestein der Umgebung sind 217 verschiedene Mineralien nachweisbar. Nirgendwo sonst auf der Erde gibt es eine solche Vielfalt. So ist es wenig verwunderlich, dass viele der 15.000 Einwohner Tsumebs im Bergbau tätig sind. Insbesondere Kupfer, aber auch Cadmium, Silber und Zink werden gewonnen. Im regionalen Gesteinsmuseum sind die schönsten und interessantesten Stücke ausgestellt.

Die Fahrt des gestrigen Tages hat mich angestrengt. 500 Kilometer waren abends auf der Uhr. So fülle ich nur die Reifen der Honda mit flüssiger Dichtmasse, ansonsten ruhe ich mich aus, sehe fern und lese nach über neun Monaten wieder eine deutsche Zeitung. Das ist ein echtes Vergnügen – ich sauge förmlich jedes Wort in mich hinein. Dazu esse ich belegte Brötchen. Hier in der ehemaligen deutschen Kolonie Südwestafrika leben viele Deutschstämmige. Alles erinnert ein wenig an daheim. Nur dass es heiß, subtropisch und sandig ist.

1884 wurde das Land zwischen Oranje und Kunene zum »Schutzgebiet Deutsch-Südwestafrika«, nachdem Adolf Eduard Lüderitz, ein deutscher Handelsherr, weite Landstriche von den ansässigen Stammesfürsten erworben hatte.

Die deutsche Kolonialgeschichte, durch reiche Diamantenfunde und Aufstände der Eingeborenenstämme der Hottentotten und Hereros geprägt, ging im 1. Weltkrieg am 9. Juli 1915 mit der Kapitulation des Kommandanten der Schutztruppe, Oberstleutnant Franke, und des kaiserlichen Gouverneurs Dr. Seitz zu Ende. Das Land wurde von Südafrika besetzt. 1919 wurden 6.000 deutschstämmige Siedler des Landes verwiesen, das der Völkerbund 1920 der Südafrikanischen Union als Mandatsgebiet zuteilte. Nach jahrzehntelangem Bürgerkrieg, den sich die schwarzafrikanische Partisanentruppe SWAPO mit dem südafrikanischen Militär lieferte, kam es 1988 zum Waffenstillstand. Daraus resultierend wurde Südwestafrika, das heute den Namen Namibia trägt, im März 1990 in die Unabhängigkeit entlassen.

Es ist offensichtlich, dass die Weißen heute nicht mehr das Sagen haben. Dennoch wird Namibia nach wie vor stark durch sie geprägt. Das ist nicht nur an den Gebäuden aus der deutschen Kolonialzeit zu sehen, die immer noch ein prägendes Bauelement der Orts- und Stadtkerne sind. Die Mentalität ist einfach anders – viel mehr europäisch als afrikanisch. Schweren Herzens nehme ich – zumindest innerlich – Abschied von Schwarzafrika.

Am Abend treffe ich Philip Bartolomae, einen freundlichen Mann mit Glatze, der die Firma »Afrika Bike Tours« gegründet hat. Sein Ziel ist es, Motorradtouren durch den Schwarzen Kontinent zu organisieren. Wir unterhalten uns angeregt bis in den frühen Morgen.

Erst am späten Vormittag kann ich durchstarten. Das erste Stück des Weges ist eine Schotterpiste, mehr schlecht als recht zu befahren. Mir kommt nur ein einziges Eselgespann und kein Auto entgegen. Wie einsam doch Namibia sein kann. Ich bin froh, als ich endlich wieder Teer unter den Reifen habe. Darauf fährt es sich besser und schneller.

Als ich einen Pkw überhole, der mit einigen Schwarzen besetzt ist, winke ich freundlich hinüber. Sie strahlen und grüßen zurück. Meine Freundlichkeit war wohl Intuition. Denn wenige Kilometer später bleibe ich mitten in dieser gottverlassenen Einsamkeit mit Batterieschaden liegen.

Doch ich habe Glück im Unglück – die Schwarzen, die kurz darauf vorbeikommen, schleppen mich ab nach Kamanjab. In Ermangelung eines handelsüblichen Abschleppseils binden wir das Motorrad mit meinen beiden Spanngurten am Wagen fest. Das ist zwar afrikanische Improvisationskunst, aber es funktioniert.

Die Garage in Kamanjab gehört einem Deutschen. Er heißt Lars Falkenberg, ist zugleich Abenteurer und Aussteiger und besaß früher ein Autohaus in Hamburg. Das hat er verkauft, um sich hier anzusiedeln. Zum Glück versteht er auch etwas von Motorrädern. Leider hat er keine Batterie vorrätig, die muss er bestellen. Da Wochenende ist, wird das ein paar Tage dauern.

Ich beziehe Quartier auf dem kleinen Campingplatz des Ortes, der im Augenblick fast leer ist. Der Platz wird von Mutter und Tochter, beide deutschsprachig, bewirtschaftet. Sie haben gerade den Sohn bzw. Bruder bei einem Autounfall verloren. Daher herrscht eine gedrückte Stimmung.

Da ich keine Lust habe, die ganze Wartezeit von vier Tagen auf dem Campingplatz zu vertrödeln, lasse ich mich für einen Tag nach Hobatare fahren. Das liegt an der Etosha-Pfanne. Die Etosha-Pfanne bedeckt ein Gebiet von rund 6.150 Quadratkilometern und ist eine auf dem Boden eines ehemaligen Sees entstandene Lehmpfanne mit hohem Salzgehalt, der eine grünlich-weiße Oberfläche erzeugt. So ist es wenig verwunderlich, dass der Name »Etosha« in der Sprache des ansässigen Ovambo-Stammes »großer weißer Platz« bedeutet.

Der Engländer Francis Galton und sein schwedischer Kollege John Charles Anderson waren die ersten Europäer, die 1850 diese Region bereisten. In seinem Reisebericht schrieb Anderson hierüber später: »Im Laufe des ersten Reisetages durchquerten wir eine riesige Senke, Etosha, genannt, die eine Salzkruste bedeckte und deren baumbestandener Rand sich deutlich abzeichnete. In Afrika heißen solche Stellen Salzpfannen. Die Oberfläche besteht aus grünlichem Lehm mit verstreuten kleinen Sandsteinbrocken von purpurner Farbe. In manchen Regenzeiten, erklärten uns die Ovambo, sei das Gelände überflutet und sehe dann wie ein See aus. Jetzt war es aber vollkommen trocken und der Boden stark von Salz durchsetzt.«

Tatsächlich ist das Etosha-Gebiet in besonders niederschlagsreichen Jahren bis zu zehn Zentimeter hoch überflutet. Ein einmaliges Schauspiel, wenn dann Abertausende von Wasservögeln und Flamingos hierher kommen und brüten.

Internationale Berühmtheit erlangte die Etosha-Pfanne durch den Film »2001 – Odyssee im Weltraum«. Ein Teil der eindrucksvollen Außenaufnahmen wurde hier produziert.

Ich selbst kann bei meinem Besuch keine Flamingos sehen. Dafür werde ich mit dem Anblick von Elefanten, Kudus, Oryx und Hartmann-Zebras entschädigt. Einen besonderen Eindruck hinterlässt eine Vogelart, die sich den Wasservorrat, den sie auf ihren Flügen braucht, ins Gefieder spritzt und von dort wieder aufsaugt.

Bei meiner Rückkehr auf den Zeltplatz begegnet mir ein Stachelschwein. Ich bin erstaunt, dass das Tier überhaupt nicht scheu ist. Wie ich später erfahre, wird es regelmäßig gefüttert. Das erklärt natürlich alles.

Endlich kommt die neue Batterie für die Honda an. Sie kostet 125 Euro. Ein stolzer Preis. Als ich das reklamiere, bekomme ich in der Werkstatt gewissermaßen als Zugabe einen Haarschnitt verpasst.

Nun kann ich weiterfahren. Mein nächstes Ziel sind die Wasserfälle von Epupa. Die ersten Kilometer komme ich gut vorwärts. Auch wenn es schon wieder auf einer Schotterstraße ist. Ein Schild weist auf ein »Demonstrationsdorf« des Volksstammes der Himba hin. Welcher Ahnungslose geht da schon hin, denke ich, diese Himba sind bestimmt schon total verwestlicht.

Wenige Augenblicke später habe ich eine Reifenpanne. Es wird gerade dunkel. Was tun? Da fällt mir die Himbasiedlung ein, die nur unweit der Piste liegt. Ich schiebe das Motorrad bis dahin zurück. Die Bewohner starren mich an, als sei ich ein Weltwunder oder ein Wesen, das vom Himmel herabgefallen ist. Haben sie noch nie ein Motorrad gesehen? Das kann ich mir nicht vorstellen.

Ich schlage mein Zelt unter ihrer wachsamen Beobachtung auf und möchte gerne schlafen. Aber sie sitzen vor meinem Eingang, beobachten mich und quatschen ohne Unterlass. Immerhin bekomme ich von ihnen einen Körnerbrei serviert, der recht ordentlich schmeckt. Außerdem habe ich die Gelegenheit, ein Naturereignis zu beobachten, wie ich es vorher noch nie gesehen habe: Während die Sonne langsam hinter dem Horizont verschwindet, geht gleichzeitig der Mond auf. Schade, dass man so etwas in einer Großstadt wie Köln nicht beobachten kann.

Die Himba, deren Stamm etwa 7.000 Seelen zählt, leben noch heute überwiegend als nomadisierende Jäger, Sammler und Viehzüchter. Sie leben sehr bescheiden, fast unberührt von der Zivilisation des 21. Jahrhunderts. Bekleidet sind sie Frauen und Männer lediglich mit einem knappen Lendenschurz. Großen Wert legen sie auf ihre Haartracht und ihren Schmuck. An der jeweiligen Frisur kann der Eingeweihte die soziale Stellung des Trägers im Stamm erkennen. Die Hütten der Himba sind kegelförmig und werden aus Lehm, Dung, Gräsern und Blättern gebaut.

Aller guten Dinge scheinen auch im südlichen Afrika drei zu sein. Eine ganze Serie von Radpannen verdirbt mir den nächsten Vormittag. Nach der dritten gibt es nichts mehr zu flicken. Ich bin gezwungen einen neuen Schlauch einzuziehen. Da kreuzt plötzlich ein amerikanischer Anthropologe auf. Er erzählt mir, dass er die Kultur der Himba studiere und gibt mir Wasser, das mir bereits knapp geworden ist.

Der Ami lädt mich in sein Camp in Epupa ein. Dort angekommen, treffe ich eine Gruppe sehr hilfsbereiter Südafrikaner. Sie schenken mir neue Reifendichtmasse und Gesichtscreme, die mich vor weiteren Sonnenbränden schützen soll. Abends werde ich zu einem gigantischen Grillfest eingeladen. Im südlichen Afrika liebt man das Grillen, entsprechend bombastisch fallen die Feste aus.

Am folgenden Morgen besuche ich die nahe gelegenen Epupa-Wasserfälle. Am Abend treffe ich Jörg Pfennigsdorf vom Lipsia-Reisebüro. Der Leipziger ist mit einer deutschen Rentnergruppe hier. Ihm erzähle ich, dass ich etwas Angst wegen der Fahrt über den van-Zyls-Pass habe, der nun auf dem Programm steht. Die Strecke gilt als sehr steil, gefährlich und unwegsam. Hoffentlich halten die Maschine und ich das durch.

Es kommt wie befürchtet: Bereits im ersten Flussbett fahre ich mich restlos fest. Vor Wut könnte ich heulen. Trotz aller Anstrengungen bekomme ich die Honda nicht frei. Da helfen auch die ganzen Erfahrungen nichts, die ich inzwischen in vielen ähnlichen Situationen gesammelt habe. Ich bin schon ganz verzweifelt, da tauchen plötzlich vier junge Afrikaner auf und retten mich.

So schwer es mir auch fällt und den Tränen nah – ich muss die Passtour abbrechen und nach Opuwo fahren. Dort nächtige ich auf einem Campingplatz. An Schlaf ist kaum zu denken, denn die halbe Nacht werde ich von Discomusik zugedröhnt.

Am nächsten Morgen lasse ich Sesfontein links des Weges liegen. Die Ongongo-Wasserfälle verpasse ich irgendwie. Es ist auch keiner da, den ich nach dem Weg fragen kann. Und die paar Einheimischen, die ich von weitem zu Gesicht bekomme, drehen aus Angst schnell wieder ab. Sie denken wohl, ich komme von einem anderen Planeten. Mit meiner schwarzen Motorradkombi sehe ich wohl aus wie der Terminator.

Nach einer Mittagsrast in einem ausgetrockneten, steinigen Flussbett erreiche ich den Zeltplatz von Palmwag. Eine kleine Oase mitten in der Wüste, wo abends auch Elefanten zum Wasserloch kommen sollen. Während die Sonne als glutroter Feuerball hinter dem Horizont verschwindet, unterhalte ich mich mit einigen Deutschen und Schweizern, die in Namibia ihre Flitterwochen verbringen. Trotz der langen Unterhaltung will heute kein Elefant erscheinen.

Von Palmwag nach Swakopmund sind es fast 500 Kilometer. Die letzten 100 entlang der »Skeletton-Coast« schlägt mir ein harter Wind entgegen. Ich bin froh und stolz, als ich die Stadt erreiche. Es ist der 3. Oktober. Am Strand feiere ich ganz für mich alleine nicht nur den Tag der Deutschen Einheit, sondern auch meine Ost-West-Durchquerung von Afrika.

Swakopmund ist das Zentrum der deutschstämmigen Bevölkerung, die in Namibia lebt. Die Stadt ist auch Verwaltungssitz und Hauptstadt des gleichnamigen Wahlbezirkes und hat etwa 25.000 Einwohner. Im Zentrum trifft man auf viele Gebäude, die an die deutsche Kolonialzeit erinnern. Noch heute kann man sich in den meisten Geschäften und Gaststätten auf Deutsch verständlich machen.

Meine Reiseanstrengungen belohne ich am nächsten Tag mit Sandboarding in den Dünen. Auf einer Holzplatte sause ich wie ein Skeleton-Fahrer mit dem Kopf voraus mit 80 Sachen die Dünen hinab. Klasse! Nach anfänglicher Überwindung will ich am Ende gar nicht mehr aufhören.

Abends lerne ich Bruce kennen. Er ist Fahrer eines Overland-Trucks. Das sind umgebaute Lastwagen, die bis zu 20 Menschen durch die Gegend fahren. Das südliche Afrika kennt er wie seine Westentasche. Allerdings habe ich den Eindruck, dass er bei seinen Erzählungen gelegentlich gewaltig aufschneidet.

Auf der Fahrt nach Windhuk am 10. Oktober lege ich einen Zwischenstopp an der Spitzkoppe ein. Der Berg wird als das »Matterhorn Namibias« bezeichnet und ist 1.728 Meter hoch. Damit ist er zwar nicht die höchste, wegen seines markanten Umrisses, der an ein Stück Toblerone-Schokolade erinnert, jedoch die bekannteste Erhebung des Landes. Die Spitzkoppe ist sehr schwierig zu besteigen und nur erfahrenen Bergsteigern möglich. In den Sommermonaten geht es überhaupt nicht, weil man sich an dem heißen Gestein die Finger verbrennen würde.

Es ist schon spät, als ich bei Ekki in Windhuk ankomme. Ekki traf ich bei der Grenzkontrolle zur Einreise nach Namibia. Wir standen in derselben Schlange, und er lud mich spontan zu sich ein. Für heute bleiben wir zu Hause. Dafür machen wir zusammen mit Doris und Martina, zwei Freundinnen von Ekki, am nächsten Abend das Nachtleben der Stadt unsicher. Zunächst landen wir in Joe's Bierhaus. Anschließend endlich mal wieder tanzen im Kippie's.

In den folgenden Tagen wechsele ich mehrfach das Quartier, ich habe viele unterschiedliche Bekannte zu besuchen. Zunächst wohne ich bei Carsten Möhle. Er führt ein Reiseunternehmen mit dem kuriosen Namen »Bwana Tucke Tucke«, das Jeeptouren durch Namibia anbietet. Bei Carsten erkranke ich an einer Mandelentzündung. Das ist erst die zweite wirklich ernste Erkrankung auf der ganzen Reise. Für einen Kontinent, der mit Krankheiten übersät ist, kommt mir das wenig vor. Die nächsten beiden Tage bleibe ich zumeist im Bett oder leiste Carsten Gesellschaft bei der Arbeit. Dann ziehe ich bei Frau Cordes ein, sie ist eine langjährige Bekannte meiner Familie.

Als es mir endlich wieder besser geht, schaue ich mir Windhuk an, die Hauptstadt Namibias. 1890 gegründet, hat die Stadt heute 280.000 Einwohner. Sie ist das kulturelle, wirtschaftliche und politische Zentrum des Landes. Ihre Wahrzeichen, das Monument des deutschen Schutztruppenreiters von Südwest und die Alte Feste, erinnern an die deutsche Kolonialzeit. Auch den vielen Gebäuden der Innenstadt ist noch heute anzusehen, dass ihre Bauherren aus Deutschland stammten. In der Hauptstraße, der ehemaligen Kaiserstraße, die heute Independence Avenue heißt, wechseln sich historische und moderne Bausubstanz ab. Meine besondere Aufmerksamkeit erregt das Gebäude des Parlamentes, im Volksmund »Tintenpalast« genannt.

Von Windhuk aus fahre ich am 15. Oktober nach Bodenhausen, um dort Pferde anzuschauen. Unterwegs reißt mir der Kupplungszug. Inzwischen bin ich aber handwerklich so fit, dass ich das Malheur selbst provisorisch reparieren kann. Nachmittags besichtige ich in Bodenhausen die größte Hannoveraner-Pferdezucht im südlichen Afrika.

Immer weiter geht es nach Süden. Auf dem Weg nach Sesriem fängt die verdammte Kupplung wieder an zu spinnen. Daran kann ich jetzt nichts ändern. Auf dem Campingplatz ist kein Platz mehr frei. Ich lege mich einfach neben ein Zelt von fremden Leuten, um ein wenig Windschutz zu bekommen, denn es bläst ein heftiger Wind. Am Morgen stellt sich heraus, dass mein Nachbar der Vorsitzende des Honda-Africa-Twin-Clubs von Südafrika ist. Zufälle gibt es.

Nach dem Plausch heißt mein Ziel Sossusvlei. Das ist eine

von Dünen umschlossene Salz-Ton-Pfanne in der Namib-Wüste. Ihre orangefarbenen Sandberge sind mit über 300 Metern die höchsten Dünen unserer Erde. Natürlich besteige ich die berühmte Düne 45, die höchste von allen. Dort habe ich, während die Sonne gerade aufgeht, einen atemberaubenden Weitblick. »Sossus« bedeutet in der Sprache der Nama »blinder Fluss«, und »Vlei« heißt »Pfanne«. Wahrscheinlich resultiert der Name daher, dass die Pfanne, selbst in Jahren, in denen die Regenzeit sehr ergiebig ist, nur für ganz kurze Zeit Wasser führt.

An diesem Tag fahre ich wieder über 600 Kilometer weit. Ich erreiche Keetmanshoop und schlafe auf einem Campingplatz, der in einem Köcherbaumwald eingebettet ist.

In dem Städtchen lasse ich meinen Kupplungszug von einem »Spezialisten« reparieren. Danach geht es weiter zum Fish-River-Canyon. Die 161 Kilometer lange Schlucht ist der letzte Höhepunkt meines Aufenthaltes in Namibia. Mit einer Tiefe von bis zu 550 Metern ist sie nach dem Grand Canyon in den USA der zweitgrößte Canyon der Erde. Mir wird ein wenig mulmig, als ich mit dem Motorrad direkt an der Abbruchkante entlangfahre.

Am Abend laden mich Birger und Gabriela, ein schwedisches Pärchen, das in der Computerbranche tätig ist, zum Essen ein. Wir kommen ins Gespräch, als sie mir mit den Worten »Du hast bestimmt Durst«, ein Bier anbieten, während ich neben ihnen mein Zelt aufstelle. Morgen werde ich, wenn alles gut geht, Südafrika erreichen.

Kapitel 13

# Südafrika, Lesotho und Mosambik – Schotterpässe und Schneepisten

Zwanzig Kilometer hinter der Grenze von Namibia nach Südafrika gibt meine Kupplung endgültig den Geist auf. In Fachkreisen wird von »Kupplung durchgebrannt« gesprochen. Zum Glück kommt zufällig ein Farmer vorbei. Mit einem zehn Meter langen Seil schleppt er mich am Haken seines Wagens in den nächsten Ort. Wieder einmal wird mir bewusst, um wieviel hilfsbereiter man auf dem Schwarzen Kontinent ist als in unseren Breiten. Ob es damit zusammenhängt, dass man in Afrika mehr aufeinander angewiesen ist? Vielleicht ist es aber auch eine Frage des Verständnisses von Hilfsbereitschaft und Nächstenliebe.

Der Ort heißt Steinkopf und liegt an der Nationalstraße N 7, die von Windhuk nach Kapstadt führt. Hier in der Trockensteppe des Namaqualandes nimmt sich Manuel meiner an. Manuel ist Besitzer eines Schnellrestaurants und Likörladens. Er sorgt dafür, dass ich ein Bett und zu Essen bekomme. Ansonsten heißt es warten auf einen Laster, der mein Motorradwrack mitnimmt.

Manuel fährt am nächsten Tag mit mir nach Port Nolloth. Die Stadt liegt an der so genannten Diamantenküste. Dort werden Diamanten, die durch den Oranjefluss ins Meer gespült wurden, vom Meeresboden des seichten Küstengewässers geborgen. Mit Hilfe riesiger Staubsauger werden Kies, Sand und Geröll in Boote gesaugt. Rüttelmaschinen stehen bereit, um die Diamanten herauszufiltern. Wie Manuel mir erzählt, ist der Abbau dieser sekundären Lagerstätte ein gutes Geschäft. Er besitzt selbst ein solches Boot.

Manuel ist ein Organisationstalent. Er kümmert sich darum, dass mein Motorrad und ich von einem Gemüsetransporter um 22.00 Uhr nach Kapstadt mitgenommen werden. Die kurvenreiche Nachtfahrt wird spektakulär: Unser Gefährt ist wenig gefedert, ich werde hin- und hergeschüttelt, der Seitenständer der Honda bricht, als wir ungebremst über die Schlaglöcher einer unbefestigten Baustelle brettern.

Ich bin froh, als wir um 5.00 Uhr morgens das »Arwark Backpackers Hotel« in Kapstadt erreichen. Totmüde schlafe ich erst mal richtig aus. Immerhin waren es 600 Kilometer, die ich in dieser Gemüseschaukel hinter mich gebracht habe.

Nachdem ich die Reparatur der Africa Twin auf den Weg gebracht habe, verbringe ich mit Bruce, dem Overland-Trucker aus Swakopmund, und seiner Freundin einen schönen Sonntag in Camps Bay. Den habe ich mir auch redlich verdient, denn vorher muss ich das Motorrad drei Kilometer durch Kapstadt schieben, bis ich endlich eine vernünftige Werkstatt finde, die sich meiner Kupplung annimmt.

Camps Bay ist einer der exklusivsten Distrikte Kapstadts. Es liegt direkt am Meer und hat einen herrlichen Strand, an dem sich die Reichen und Schönen treffen. Ein Motorradtreffen im »Killarney-Hotel« begeistert mich nur wenig. Die Anwesenden entpuppen sich als Bier saufende Proleten und Angeber.

Wesentlich interessanter ist da schon die Bekanntschaft mit Michael Fuchs, den ich auf einem Ausflug zum Kap der Guten Hoffnung treffe. Er baut Prototypen von Motorrädern und ist ein kompetenter Gesprächspartner. Kurz darauf feiere ich am Cape Point meine Nord-Südpassage und das eigentliche Ende meiner Reise Köln-Kapstadt.

Kann ich stolz auf mich sein? Ich glaube schon. Noch vor einem Jahr konnte ich selbst nicht so richtig daran glauben, dass ich diese Reise alleine schaffen würde. Zwar hatte ich die Nase zwischendurch immer wieder mal voll, letztendlich überwand ich aber in diesen Situationen meinen inneren Schweinehund und machte weiter. Das brachte mir die Erkenntnis, dass sich Erfolg oder Misserfolg einer solchen Reise einzig und allein im Kopf abspielt.

Wie wird es jetzt weitergehen? Die nächsten Wochen werde ich noch ein Stück an der Ostküste Afrikas hinauffahren, dann heißt es Abschied nehmen. Zurück nach Deutschland. Zurück in den Alltagstrott, in die Tretmühle der Konsumgesellschaft? Das kann ich mir beim besten Willen nicht vorstellen. Hätte ich in Afrika einen Platz zum Leben gefunden – ich wäre geblieben. Nun, es hat nicht sollen sein. Doch wer weiß, vielleicht finde ich einen solchen Ort irgendwo anders auf der Welt.

Hier am südlichsten Zipfel des afrikanischen Kontinents treffen die unterschiedlichsten Kulturen und Menschen aufeinander. Wahrscheinlich ist es gerade das, was den Reiz und die Problematik dieses Landstriches ausmacht.

Kapstadt, dessen Einzugsbereich über vier Millionen Menschen zählt, ist die älteste Stadt, die von Europäern auf dem Gebiet der heutigen Republik Südafrika gegründet wurde. Von den Einheimischen wird sie deshalb zärtlich als »Mutterstadt« bezeichnet. Tourismus ist ihr wichtigster Wirtschaftszweig.

Natürlich unternehme ich viele Besichtigungstouren. Mit Kreuzbergs, den Eltern meines Freundes Jochen, fahre ich nach Stellenbosch, Franschhoek und die traumhafte Küste entlang. So gewinne ich einen schönen Eindruck von der Kapregion. Wir halten inne, als wir eine riesige Kolonie von Pinguinen am Wegesrand sehen.

Eines Abends treffe ich Klaus, einen Motorradfahrer, der von Süden nach Norden Afrika durchqueren will. Ich habe ernste Zweifel, ob er das schaffen wird. Denn sein vorgesehenes Budget von 2.000 Euro erscheint mir ein wenig mager.

Viel Zeit verbringe ich mit Andrea und Rolf vom »El Han Guesthouse«. Mit Rolf unternehme ich eine Tour in die Cederberge, ein Naturschutzgebiet, das für seine Höhlenzeichnungen, Fauna, Flora und Felsmassive berühmt ist. Zum Abschluss nehmen wir ein wohltuendes Bad in Citrusdal.

Selbstverständlich stehen in Kapstadt auch die Besteigung des Tafelberges, die Victoria und Albert Waterfront, die Besichtigung des größten Shopping-Centers der südlichen Hemisphäre und der Besuch von Robben Island auf dem Programm. Die Überfahrt auf die ehemalige Gefängnisinsel, in der neben anderen schwarzen Bürgerrechtlern Nelson Mandela inhaftiert war, ist recht stürmisch. Einigen Passagieren wird fürchterlich schlecht. Kein Wunder, dass der Ozean so unruhig ist, denn inzwischen ist es schon Anfang November. Es wird Zeit, dass ich mich wieder auf den Weg mache, nachdem ich mich drei Wochen lang am Cap ausgeruht habe.

Nach dem Abschied von Rolf und Andrea fahre ich gen Nordosten. Durch ein wunderschönes Tal, das von hohen Bergen eingefasst ist, erreiche ich den Swartberg-Pass. Die Straße, bei deren Bau 240 Sträflinge eingesetzt wurden, wurde in den Jahren 1881 bis 1887 unter unvorstellbaren Bedingungen, Mühen und Anstrengungen erbaut. Im C. P. Nel Museum in Oudtshoorm ist dieser Teil der südafrikanischen Geschichte anschaulich dokumentiert.

Ganz alleine übernachte ich auf einem Campingplatz. Selbst der herrliche Bergblick, den ich von dort habe, kann nicht darüber hinwegtrösten, dass die Einsamkeit hier oben in gewisser Weise beängstigend ist. Ich muss mich erst wieder daran gewöhnen draußen zu schlafen.

Über die weitere Strecke steht im Reiseführer: »Die Passstrecke ist nicht asphaltiert, schmal und oft sehr steil. Wohnmobile sind nicht erlaubt, und auch wer nicht schwindelfrei ist, sollte die Strecke nicht befahren. Von einer Befahrung bei Regen ist dringendst abzuraten.«

Wie Recht der Reiseführer hatte, denke ich, als ich am nächsten Tag in Richtung Gamsklof weiterfahre. Diese knapp 50 Kilometer lange und sehr steile Schotterstrecke aus dem Jahr 1962 trägt ihren Beinamen »die Hölle« nicht umsonst. Ich passe zwar auf, doch dann passiert es doch: Als ich bei Meiringspoort eine sehr reizvolle Schlucht hinter mir lasse, bin ich durch die wunderschöne Landschaft abgelenkt und klebe mit dem Blick immer noch an den Bergen, anstatt auf die Straße zu achten. Da kommt urplötzlich ein Auto um die Ecke, eine Kühlerhaube glotzt mich an, und ich reiße die Honda zur Seite. Gerade noch kann ich einen Zusammenstoß vermeiden.

Irgendwie bin ich erleichtert, als ich Knysna unbeschadet erreiche. Das Angebot eines Farmers, seine Straußenfarm zu besichtigen, lehne ich dankend ab. Der Tag war schon so ereignisreich genug. Jetzt muss ich mich nicht noch von einem aggressiven Strauß beißen oder treten lassen.

Am Abend treffe ich »Diamanten-Anton«, den Betreiber meines Motels. Er kippt schon morgens gerne ein Bierchen und ist ein echter Cross-Selling-Spezialist. Auf einmal habe ich ihm zwei Diamanten abgekauft. Hoffentlich sind sie echt, denke ich, als ich am nächsten Morgen weiterfahre.

Mein nächstes Ziel ist der Tsitsikama-Nationalpark, den ich am 9. November erreiche. Dort angekommen, fahre ich zuerst zur Blaukranzbrücke und schaue den Bungee-Springern zu, die sich wagemutig in die Tiefe stürzen. Für mich wäre das nichts.

Der Nationalpark, 1964 gegründet, zieht sich zwischen Nature Valley und der Mündung des Storm-River 80 Kilometer die Meeresküste entlang. Neben der Hängebrücke, die malerisch die Mündung des Storm-River überbrückt, besuche ich den Aussichtspunkt Großer Baum und das Schietklipp, einen Meeresfelsen, der außergewöhnlich laut donnernde und hohe Brandungswellen erzeugt.

Bei einem »Mitchell-Beer«, einem Produkt aus einer Privatbrauerei, lasse ich den Tag ausklingen. Dabei treffe ich »Leffe« Hansen, einen schwedischen Fotografen, mit dem ich mich anfreunde und den ich sehr bald beim schwedischen Sonnenwendfest wiedersehen werde.

In der Nähe von Knysna gibt es die Möglichkeit, mit unterschiedlichsten Waffen auf einem Sportschützenstand zu schießen. Die Farmer, die in ständiger Angst vor Überfällen leben, trainieren hier. Und das nicht umsonst: Wenn sie auf ihrem Grund drei Stöcke finden, die zu einem Pfeil geformt sind, wissen sie, dass ihren Familien Unheil droht. Sie sind dann gezwungen, sich selbst zu schützen, da es nur wenige Polizeiposten gibt, die kaum rechtzeitig zur Hilfe eilen könnten. Ich nutze die Gelegenheit, um mich als »Rambo« zu betätigen. Bewaffnet mit drei Gewehren, einer Uzi-Maschinenpistole und einer Pumpgun, tobe ich mich aus.

Danach geht es weiter, hinauf in die Berge. Die Tour durch die Bavianskloof-Schlucht ist spektakulär. Als es schon dunkel wird und noch kein Ende der Schlucht in Sicht ist, gerate ich etwas in Sorge. Erleichtert erreiche ich Jeffrey's Bay, endlich wieder unter Menschen.

Weiter am Indischen Ozean entlang. Dann biege ich ab ins Landesinnere. Über den wenig befahrenen Katbergpass erreiche ich Queenstown, das etwa 10.000 Einwohner hat. Es liegt in der Provinz Eastern Kap und ist das Schul-, Verwaltungs- und Handelszentrum eines Distrikts, der überwiegend von der Landwirtschaft lebt. Kaum erreiche ich die Stadtgrenze, ist mein Vorderreifen platt. Der Besitzer eines Bikeshops, der mich zufällig beobachtet, lädt mich zum Essen und Nächtigen ein. Er rät mir ab, auf meinem weiteren Weg durch die »schwarze« Transkei zu fahren.

Das Land, das ab dem 19. Jahrhundert unter englischer Verwaltung stand, verfügt seit 1963 über eine interne Selbstverwaltung. Es war das erste »Homeland« des südafrikanischen Volksstammes der Bantu im östlichen Kapland. Im Oktober 1976 wurde die Transkei von der Apartheidsregierung der Südafrikanischen Republik in die Unabhängigkeit entlassen, die international aber nie anerkannt wurde. Im Jahr 1978 brach die Transkei, eine Insel im südafrikanischen Staatsgebiet, die diplomatischen Beziehungen zu Südafrika ab. Im Rahmen der ersten allgemeinen und demokratischen Wahlen, die in der Republik Südafrika im April 1994 stattfanden, wurde die Transkei wieder der südafrikanischen Provinz Ost-Kap eingegliedert.

Lesotho erreiche ich über eine kleine, einsame Passstraße – mit ihrem gepflegten Schotter ein Traum für jeden Endurofahrer. Was für ein Gefühl, nicht wie in Europa von der Enge des Raums erdrückt zu werden.

Das Königreich Lesotho erinnert mich irgendwie an Äthiopien. Es ist sehr bergig und ein wenig rückständig. Der öffentliche Nahverkehr existiert lediglich in rudimentären Ansätzen. Die Straßen des Landes, das wegen seiner Lage auf einem Höhenplateau auch als »Königreich im Himmel« bezeichnet wird, sind nur zu etwa 15 Prozent asphaltiert. Überall ist erkennbar, dass das Land vor einer demoskopischen und ökonomischen Katastrophe steht: Annähernd 30 Prozent der Gesamtbevölkerung sind HIV-positiv.

In der Hauptstadt Maseru mit fast 500.000 Einwohnern ist es sehr schwierig, eine Übernachtungsmöglichkeit zu finden. Das wäre noch eine Geschäftsidee, hier ein anständiges Backpacker aufzumachen. Schließlich komme ich in einem Wohnheim der anglikanischen Kirche unter. Dort treffe ich Mark. Einen Entwicklungshelfer, der in Lesotho arbeitet und mir von den vielfältigen Schwierigkeiten des Landes und seiner Arbeit erzählt. Wieder einmal höre und erfahre ich, dass die afrikanische Realität ganz anders aussieht, als sie in den Massenmedien oftmals dargestellt wird. Die Schwarzen sind wissbegierig und packen beim Wiederaufbau mit an.

Nach einer kurzen Stadtbesichtigung geht es weiter nach Semonkong. Auf dem Weg dorthin ereilt mich – wieder mal – ein Platten. Und schon hält – wieder mal – ein Pickup an und nimmt mich mit. Auf dessen Ladefläche erreicht das Motorrad Semonkong, wo ich in aller Ruhe den kaputten Schlauch flicke.

Der nächste Tag sieht mich nicht im Sattel der Honda, sondern auf dem Rücken eines Pferdes. Ein sechsstündiger Ritt führt mich durch die reizvolle Berglandschaft, die die Umgebung von Semonkong prägt. Dort besichtige ich eine Schafschererfabrik. Ich bin erstaunt, wie schnell hier eine ganze Herde ihre Haarpracht verliert.

Am Abend treffe ich zwei Südafrikaner. Es sind richtige »Outdoorer«. Männer, die es gewohnt sind, hart in der Landwirtschaft zu arbeiten. Die ein anstrengendes und entbehrungsreiches Leben führen. Die beiden sind 55 bzw. 75 Jahre alt und erzählen, dass sie sogar in 2.500 Meter Höhe im Freien schlafen. Jetzt im südafrikanischen Sommer kann ich mir das noch vorstellen. Aber im Winter, wenn in den Bergen Schnee liegt, möchte ich lieber nicht mit ihnen tauschen.

Mit geflicktem Reifen geht es am 15. November zurück nach Maseru. Die Strecke ist nur knappe 145 Kilometer lang. Wieder führt die Route durch die Berge. Ich genieße den Fahrtwind und den Ausblick, bis plötzlich die Aufhängung des Federbeins bricht. Auf einen Schlag sitze ich 20 Zentimeter tiefer. So ein Mist! Nur ganz langsam kann ich weiterfahren, da jetzt jedes Schlagloch direkt auf meinen Rücken durchschlägt.

In Maseru angekommen, hilft mir Justin, ein Motorradfan, der im einzigen Motorradladen der Stadt arbeitet. Wir lassen das notwendige Ersatzteil von Hand anfertigen. Das Ganze kostet mich zu meiner angenehmen Überraschung nichts. Danke Afrika.

Von Maseru nach Marakabei sind es 180 Kilometer. Da ich erst am Nachmittag aus Maseru losgefahren bin, schaffe ich es heute nicht bis dorthin. Ich suche also Quartier in der Provinz. Dort werde ich von ein paar Mädchen zum Essen eingeladen. Anschließend trinken wir Bier. Ich wohl etwas zu viel – insgesamt vier Liter. In dieser gelösten Stimmung mache ich eine Eroberung. Leider wirft mich mein One-Night-Stand um 5.00 Uhr aus dem Bett. Übermüdet und verkatert fahre ich weiter. Unterwegs muss ich zweimal halten und mich ins Gras legen.

Am Vormittag erreiche ich den Katse-Stausee, ein Prestigeobjekt Lesothos. Von hier aus wird Johannesburg mit Trinkwasser versorgt. Das Land soll später noch weitere Staudämme bekommen, die für die Trinkwasserversorgung in Südafrika dienen sollen.

Dann geht es hinauf in die »richtigen« Berge. Die Gegend wird immer einsamer. Ich erreiche Pässe, die 2.822, 3.222 und 3.270 Meter hoch sind. Es fängt an zu hageln und zu schneien. Nach zwei Stunden bin ich völlig durchgefroren, aber ich muss weiterfahren, wenn ich nicht erfrieren will. Um die Hände einigermaßen warm zu bekommen, uriniere ich auf sie.

Endlich erreiche ich die Höhe des Sani-Passes. Hier an der Grenze zwischen Südafrika und Lesotho steht das höchste Pub Afrikas. An einem offenen Lagerfeuer wärme ich mich auf. Nach über zwölfstündiger Fahrt kann mich die Theke des Pubs nicht locken. Erledigt falle ich im »Sanitop-Chalet-Hotel« in die Kissen. Die letzten 24 Stunden waren zu viel für mich.

Weiter Richtung Durban. Unterwegs treffe ich zwei deutsche Motorradfahrer, Peter und Jean-Louis. Die beiden haben dasselbe Ziel, also tun wir uns zusammen. Die steile Abfahrt vom Sani-Pass bremst das Tempo. Erst als wir nach Südafrika einreisen, können wir wieder Gas geben. Doch nicht lange: Bei 130 km/h lässt mitten in einer Kurve mein Vorderreifen binnen Zehntelsekunden seine Luft ab. Irgendwie vermeide ich haarscharf einen Sturz. Den nötigen Schlauchwechsel erledige ich in Rekordzeit von 15 Minuten. Langsam bekomme ich Routine – es ist bereits der 17. Platten!

Mittags erreichen wir Pietermaritzburg. Es wurde 1839 von den Voortreckern gegründet. Das sind aus den Niederlanden stammende Buren, die vor den Engländern aus der Kapprovinz flohen. Pietermaritzburg ist die Hauptstadt der südafrikanischen Provinz Kwa-Zulu-Natal. Eine Statue, die 1993 errichtet wurde, erinnert an Mahatma Ghandi. Dieser arbeitete zeitweilig in Südafrika als Rechtsanwalt. 1893 wurde er unweit der Stadt aus dem Zug geworfen, weil er als Inder ein Abteil benutzte, das den Weißen vorbehalten war. Dieses Erlebnis prägte seinen weiteren politischen Weg und Kampf entscheidend.

Fort Napier erinnert an ein unrühmliches Kapitel der Stadt und des Landes: Während des 1. Weltkrieges wurden in dem Fort Deutsche, die insbesondere aus dem heutigen Namibia verschleppt worden waren, unter unwürdigen Bedingungen von den Briten interniert.

Heute leben in der Stadt, die auch Sitz eines technischen Colleges und einer Außenstelle der Universität von Durban ist, zirka 230.000 Menschen.

Nach dem gemeinsamen Mittagessen verabschiede ich mich von meinen beiden Begleitern.

Abends erreiche ich Durban am Indischen Ozean. Durban, das an einer landeinwärts gelegenen Bucht liegt, hieß früher Port Natal und hat über zwei Millionen Einwohner. Vasco Da Gama, der portugiesische Seefahrer, entdeckte die Bucht am 1. Weihnachtsfeiertag 1497. Im »Tekweni-Backpacker« komme ich unter.

Der folgende Tag steht im Zeichen der Suche nach einem Spediteur, der das Motorrad nach Europa verschifft. In fünf Speditionen frage ich nach. Schließlich entscheide ich mich für das Unternehmen namens Clover.

Dann kaufe ich neue Reifen. Die alten werden mir doch zu häufig platt und sind abgerieben. Grant Umpelby ist der günstigste Anbieter. Außerdem verspricht er mir einen Transportkäfig für den Rücktransport des Bikes nach Deutschland.

Am Nachmittag genehmige ich mir eine Ganzkörpermassage bei Venilla. Sie ist ganz stolz, dass sie schon US-Präsident Jimmy Carter massiert hat. Dementsprechend gut ist die Massage, danach fühle ich mich wie ein neuer Mensch. Die Schmerzen im Knie und in der Kupplungshand sind wie weggeblasen.

Das Abendessen genieße ich in dem rotierenden Restaurant im Yachthafen. Dabei hat man einen wunderbaren Blick über den beleuchteten Hafen.

Nach dem Besuch des Spielcasinos, bei dem ich 150 Euro verliere, kann ich nicht einschlafen. Ist es zu laut und zu hell? Oder ärgere ich mich über meinen Leichtsinn?

Als ich endlich in den Schlaf gefunden habe, raschelt es plötzlich an meinem Zelt und jemand zieht den Reißverschluss

auf. Oh Gott, jetzt werde ich überfallen! Ich schnappe mir den Einbrecher und schüttele ihn gut durch. Er erwacht und stammelt: »Entschuldigung, Entschuldigung, ich bin Schlafwandler.« Ihm ist die ganze Sache furchtbar peinlich. Er spendiert mir am nächsten Abend ein Bier, und die Angelegenheit ist vergessen.
Im »Joe Cool's«, einer Bar an der Strandpromenade, genieße ich die Musik und schmiede Pläne für die nächsten Tage. In der wenigen Zeit, die mir noch in Afrika verbleibt, möchte ich so viel wie möglich sehen und erleben.

Am nächsten Tag nieselt es. Das richtige Wetter, um Venilla und ihrer Familie auf Wiedersehen zu sagen. Mit ihrem Ehemann Al erkunde ich noch schnell den indischen Basar von Durban. Dann fahre ich in Richtung St. Lucia.

Unterwegs, mitten im Land der Zulu, regnet es wie aus Kübeln. In Divodulovu lege ich klatschnass eine Zwangspause ein. Weiter geht es durch den Regen. Unterwegs sehe ich Krokodile und Flusspferde. Eine kleine Entschädigung für das Mistwetter. Aufgeweicht erreiche ich schließlich St. Lucia.

Dort muss ich meinen Motorradkoffer von einem Spezialisten öffnen lassen. Ich bekomme den Schlüssel einfach nicht mehr aus dem Schloss gedreht. Nach einer entspannenden Bootsfahrt auf dem Fluss von St. Lucia geht es weiter Richtung Mosambik.

Kurz vor der Grenze gibt das hintere Radlager den Geist auf. Zuerst denke ich an einen Platten, weil das Motorrad plötzlich so unruhig wird. Aber nein, es ist das Radlager. Also zurück nach Hluluwe, um den Schaden irgendwie beheben zu lassen. Ob die überhaupt wissen, was ein Radlager ist? Doch ich glaube es kaum: Die dortige Werkstatt hat das passende Lager für die Africa Twin vorrätig. Die Jungs bauen es ruck, zuck ein und verzichten auf den Arbeitslohn. Wieder einmal bin ich von der afrikanischen Gastfreundschaft begeistert, überrascht und beschämt.

Mittwoch, der 24. November. Die ersten zehn Kilometer in Mosambik sind eine Katastrophe, eine einzige Wühlerei durch staubigen Sand. Mosambik, das nach Ende des 15. Jahrhunderts unter portugiesischen Einfluss gelangte, wurde erst im Jahr 1975 nach jahrelangem Freiheitskampf der Frelimo-Partisanen unabhängig. Davor beherrschten und beuteten die Portugiesen das Land fast 500 Jahre lang aus. Einen Hass gegen die Weißen verspürt man trotzdem nicht. Ich finde Mosambik klasse. Die Menschen sind sehr freundlich und beschwingt. Überall spürt man den europäischen Einfluss, sogar in der Bauweise. Beim Bäcker gibt es Backwaren, die ich auch in Köln kaufen könnte. Erstaunlicherweise kann man alles mit südafrikanischen Rand bezahlen.

Abends lädt mich Carmelia, die Eignerin meines Campingplatzes, zum Bier in eine Kneipe ein. Dabei begegnet mein Blick dem der Tochter des Barbesitzers. Wir sind uns sofort sympathisch. Das erkennt auch der Kneipier und fängt an, etwas auf ein Blatt Papier zu schreiben. Dann reicht er mir das Blatt. Darauf steht: **Mitgift**
12.000 Euro
2 Anzüge
1 Paar Schuhe
3 Krawatten
10 Kisten Wein

Ich schmunzle. Das ist wirklich die netteste Art, in der mir bisher in Afrika jemand seine Tochter angeboten hat.

Die Piste von Ponta do Ouro zur Landeshauptstadt Maputo bedeutet wieder Kampf mit der Natur. Hoffentlich das letzte Mal während meiner Afrikareise. Für die 140 Kilometer benötige ich vier Stunden. Zu Beginn bin ich ziemlich genervt, als ich für die ersten 17 Kilometer eine geschlagene Stunde brauche. Das alles bei 35 Grad im Schatten. Plötzlich tauchen Hochhäuser über den Wipfeln der Bäume auf. Endlich – die Skyline der Zwei-Millionen-Einwohner-Stadt Maputo.

Dort übernachte ich in »Fatima's Nest« und verbringe den Abend mit Nico, einem Schweden, der bereits seit über dreißig Jahren in Afrika lebt. Zuerst gehen wir in den Vergnügungspark »Feria de Peuple« und danach im Hafen gut essen.

Schon früh am nächsten Morgen geht es weiter an der Küste entlang in Richtung Inhambane. Dort angekommen, möchte ich eine Flagge der mosambikanischen Freiheitsbewegung FRELIMO kaufen. Leider klappt das nicht. Schade, sie wäre ein schönes Souvenir gewesen.

Ich wohne im Hotel »Bambozzi« unweit der Stadt am Strand von Praia de Tofo. Es ist wahnsinnig heiß, und es gibt Millionen von Moskitos. Im Wesentlichen bin ich mit meinem Tauchkurs beschäftigt. Dessen erfolgreicher Abschluss erlaubt mir, im offenen Meer zu tauchen. Abends gehe ich am Strand spazieren und flachse mit der einheimischen Jugend. Diese herrlichen Tage lasse ich ausklingen, indem ich die Mondaufgänge über dem Meer beobachte.

Anfang Dezember ruft mich meine Schwester Anne an. Sie kann nicht wie geplant nach Johannesburg kommen, um mich dort abzuholen. Das ändert meinen Zeitplan komplett, und ich beschließe, noch einige Tage in Maputo zu verbringen. Auf der Fahrt dorthin will ich bei einer Straßenhändlerin eine Mango kaufen. Sie gibt die Früchte aber nur 20-stückweise ab. Ich mache ihr klar, dass dies viel zu viel für mich ist. Daraufhin schenkt sie mir eine Frucht. Zärtlich berührt sie mich dabei und streichelt über meine weiße Haut, von der sie völlig fasziniert ist. Eine Geste, die mich stark bewegt. Es sind gerade solche Erlebnisse und Erfahrungen, die den wirklichen und bleibenden Wert meiner Afrikareise ausmachen.

In Maputo angekommen, schlendere ich durch die Stadt und bin beeindruckt von den portugiesischen Einflüssen. Die Atmosphäre ist gelöst, und ich bin in guter Stimmung. Abends gehe ich in eine Bar mit dem Namen »Mambo«. Dort spricht mich eine Prostituierte an, die mir schon einmal ergebnislos ihre Dienste angeboten hat. Ich lasse sie auch diesmal abblitzen und nehme mit einer anderen Frau vorlieb, die mir ihre Gunst gratis schenkt. Die Nacht endet um 7.00 Uhr morgens.

Übermüdet fahre ich los, nachdem ich mir am Straßenrand noch rasch die Stiefel putzen lasse. Es ist schon später Nachmittag, als ich im Ezulwini–Naturpark in Swasiland ankomme und ein Zimmer im »Sondzela-Backpacker-Hotel« beziehe. Ich bin erstaunt, dass ich mit dem Motorrad nur fünf Meter neben den grasenden Zebras entlangfahren kann, ohne dass diese weglaufen.

Über einen kleinen Grenzübergang, der sehr schön in den Bergen zwischen Ezulwini und Sabie liegt, geht es zurück in die Republik Südafrika. Am Nachmittag steuere ich den Blyde-Canyon und den Abel-Erasmus-Pass an. Der Blyde-Canyon, der durch den Fluß Blyde geschaffen wurde, ist die drittgrößte Schlucht der Erde. Mit seinen Felsmassiven und den Drachenbergen, die er durchschneidet, zählt er zu den schönsten und eindrucksvollsten Naturlandschaften des Kontinents.

Getrübt wird dieses Erlebnis nur durch den Dauerregen. Anscheinend will er, solange ich noch in Afrika bin, nicht mehr aufhören. Auf dem Weg von Sabie nach Johannesburg muss ich sogar unter einer Brücke Schutz suchen.

Endlich, am Abend des Nikolaustages, erreiche ich das Backpacker-Hotel von Johannesburg. Es ist mit Sauna und Jacuzzibad ausgestattet – welch Luxus. Beides probiere ich aus. Was für eine Entspannung nach dieser anstrengenden Regenfahrt.

Johannesburg mit seinen 3,2 Millionen Einwohnern ist die Hauptstadt der südafrikanischen Provinz Gauteng. Schon vor 3,3 Millionen Jahren wurde die Region, die auf über 1.600 Meter Höhe liegt, von den Urmenschen der Gattung Australopithecus africanus bewohnt. Dies belegen Funde, die im Jahr 1998 in den nördlich der Stadt gelegenen Sterkfontein-Höhlen gemacht wurden.

Am nächsten Tag hole ich die Diamanten ab, die ich bei Anton in Knysna bestellt habe, und reise weiter in Richtung Durban. Dabei fange ich mir den letzten Platten der Reise ein. An einer Raststätte wechsele ich den Schlauch. Kaum bin ich fertig, fängt es an zu gießen. Ist das zu fassen? Man bestätigt mir, dass dieser starke Regen während des Sommers ungewöhnlich sei. Das hilft mir nicht weiter. So verläuft der letzte afrikanische Fahrtag, den ich im Sattel meiner Africa Twin verbringe, eher frustrierend. Klatschnass komme ich in Durban an.

Dort helfen mir Al und Venilla bei der Verschiffung meiner Maschine. Es dauert fast drei Stunden, bis die Honda in einem Stahlkäfig verstaut ist. Ich bin skeptisch, ob sie heil in Antwerpen ankommen wird. Zum Abschluss gehe ich mit Al Brandy und Apfelsaft trinken. Doch eigentlich will ich nur weg von hier. Durban macht einen unwirtlichen Eindruck. Es ist bei weitem nicht so schön wie Kapstadt. Ich bin daher froh, als ich endlich den Nachtbus nach Johannesburg besteige. Relativ ausgeschlafen komme ich in Johannesburg an. Direkt am Busbahnhof steht das Hotel »Formula Inn«. Es ist 6.00 Uhr morgens, als ich einchecke.

Tagsüber sehe ich mir die Innenstadt von Johannesburg an. Eine merkwürdige Atmosphäre – stundenlang sehe ich keinen Weißen, die Straßen sind mit Ramschmärkten übersät.

Abends tauche ich ein letztes Mal in das afrikanische Nachtleben ein. Ich treffe ein Mädchen, das mich in eine Bar schleppt. Sie bezahlt sogar den Eintritt. Ich will mich revanchieren und bestelle drei Bier und Wodka-Spin, ein Mixgetränk. Doch als ich mich umdrehe, ist sie verschwunden. So muss ich alles selbst trinken.

Die Polizei fährt mich schließlich zum Hotel zurück. Eigentlich frage ich nur ganz vorsichtig, ob sie mich ein Stück die Straße hinab mitnehmen könnten. Daraufhin bringen sie mich direkt vors Hotel. Freundlichkeit oder die Sorge, dass mir jemand an die Wäsche gehen könnte?

Dann kommt der Tag des Abschieds von Afrika. Am Morgen möchte ich noch rasch einige afrikanische Holzfiguren kaufen. Doch nach dreistündiger Suche finde ich trotz aller Mühe nur einen einzigen Stand, der so etwas anbietet. In allen anderen Läden sieht man nur typischen Touristenramsch: Baseball-Kappen, billige Gürtel, bedruckte T-Shirts mit Mickey Mouse.

Mit einem Kleinbus geht es zum International Airport Johannesburg. Dort verbringe ich die letzten sieben Stunden in Afrika und schreibe an meiner Reisestatistik. Dann hebt das Flugzeug ab und befördert mich zurück nach Deutschland.

Bei Schnee, grauem Himmel und kalten null Grad komme ich am 10. Dezember auf dem Rhein-Main Flughafen in Frankfurt an. Ein tolles Wetter, nachdem ich elf Monate lang in der Sonne war. Anne holt mich ab. Wenigstens muss ich nicht unter Jetlag leiden, weil wir in Nord-Süd-Richtung geflogen sind und keine Zeitzonen überquert haben. Ich steige ins Auto. Im Radio erklingt ein Lied, das nicht besser passen könnte: »Africa« von Toto. Traurigkeit überkommt mich. Ich bin am Ende einer langen und phantastischen Reise angekommen.

Resümee

# Eine Reise, die den Menschen verändert

Was bleibt? Das ist die Frage nach einer Reise, die 344 Tage dauerte. Bei der über 35.000 Kilometer auf dem Motorrad und weitere 15.000 Kilometer mit anderen Transportmitteln zurückgelegt wurden.

Rein statistisch gesehen verbrauchte ich 2,5 Vorder- und vier Hinterreifen, neun Schläuche, zwölf Liter Öl und zwei Ketten. Achtzehnmal hatte ich einen Platten. Die Benzinpumpe musste getauscht werden. Zweimal wurde der Motorradständer geschweißt. Einmal brauchte ich einen vollständig neuen Motorradständer. Der Chokezug wurde gewechselt und der Benzinfilter getauscht. Das Federbein wurde generalüberholt, seine Aufhängung einmal in Handarbeit neu angefertigt. Zwei neue Kupplungszüge, eine Batterie und ein Satz Zündkerzen mussten dran glauben. Die Aufhängung für den Sturzbügel des Motorrads musste zweimal, das kleine Ritzel der Antriebswelle einmal geschweißt werden.

Die Kupplung brannte trotz verstärkter Federn durch. Einmal wurde der Motor vollständig zerlegt. Dabei wurden die Kolbenringe und die Ventildichtungen erneuert sowie die Antriebswelle gewechselt. Die Abnutzung der Hinterradlager erforderte einen einmaligen Wechsel. Bei der Aufhängung der Hinterradbremse wurde eine fehlende Schraube ersetzt.

Das Motorrad in Deutschland über die Botschaft in Nairobi abzumelden, um rund 50 Euro Steuer zu sparen, erwies sich hinterher als Schnapsidee. Ich musste die Maschine wie einen Import einführen, was eine komplette Zollabnahme erforderte, die ein Vielfaches der gesparten Steuer kostete. Den Rücktransport per Schiff in dem offenen Stahlbehälter überstand sie bis auf die üblichen Kratzer und eine kaputte Windschutzscheibe ganz gut.

Das alles ist Statistik. Nüchterne, technische Zahlen. Was aber ist aus all den guten Dingen und Vorsätzen geworden, die ich mir unterwegs vorgenommen habe? Erfolgreich bewältigt habe ich bis jetzt:

- Geduldiger, gelassener und weltoffener zu werden.
- Eine andere Arbeit zu suchen.
- Mich mehr um meine Patenkinder zu kümmern.
- Die Organisation einer Reise nach China.
- Der Kauf eines VW-Busses.
- Die Aufnahme einer Tätigkeit als Freiwilliger bei der Fußball-WM 2006.
- Die Planung einer Weltumrundung mit dem Motorrad.

Vor allem aber ist die Liebe geblieben, die ich während meiner Reise zu Afrika und seinen Menschen entwickelt habe. Ein Gefühl der Verbundenheit, das mit jedem Kilometer in der Hitze, der Kälte, dem Staub, dem Schlamm, dem Regen, in den Wüsten, Savannen, Dschungeln, Bergen und Städten, an den Flüssen und Seen des Schwarzen Kontinents gewachsen ist.

Die Erlebnisse und Erfahrungen, die ich auf meiner Reise sammeln durfte, wiegen jeden vergossenen Tropfen Schweiß, jeden Schmerz und alle Anstrengungen dieser 344 Tage auf. Was ich als Rüstzeug für mein weiteres Leben von dieser Fahrt mitgebracht habe, kann ich erst heute vollständig ermessen.

Natürlich ist es nach einer solchen Reise problematisch, sich wieder an deutsche Normen und Gepflogenheiten zu gewöhnen. Wenn man monatelang in der Wildnis war und fast täglich den Motorradlenker in der Hand hielt, ist es schwierig, plötzlich wieder den ganzen Tag in einem klimatisierten Büro vor dem Computer zu hocken.

Auch haben sich meine Freunde und meine Familie während meiner Abwesenheit verändert. Oder habe ich mich verändert? Ganz bestimmt.

Heute lerne ich viele neue Freunde kennen, die ganz anders sind, als meine alten Bekanntschaften. Immer wieder erstaunt es mich, über welche Dinge sich die Menschen in der Bundesrepublik Sorgen machen. Ich würde sie gerne mit nach Afrika nehmen, damit sie erkennen, was wirkliche Schwierigkeiten sind und endlich auf den Boden der Tatsachen zurückkehren.

Völlig hat sich mein Verhalten zu den Menschen anderer Hautfarbe oder Herkunft geändert. Aufgrund der Erfahrungen, die ich in Afrika gemacht habe, bin ich heute viel offener und hilfsbereiter zu Ausländern, als ich es früher war.

Ganz besonders vermisse ich die Herzlichkeit, die mir im fernen Afrika geschenkt wurde. Selbst die Farbigen, die in der Bundesrepublik leben, haben schon ihre heimatlichen Gewohnheiten abgelegt und die geschäftsmäßige, oberflächliche Höflichkeit vieler Europäer angenommen. Das stelle ich immer wieder fest. Beispielsweise, wenn ich ein afrikanisches Geschäft oder Restaurant besuche.

Eine andere Sache, in der sich mein Verhalten und meine Denkweise völlig verändert haben, ist die Einstellung zum Essen und Trinken. Ich, der es von Kindertagen an gewöhnt war, sich an einen reichlich gedeckten Tisch zu setzen, der den Einkauf im gut sortierten Supermarkt als völlig alltäglich ansah und sorglos den Wasserhahn tropfen oder die Dusche stundenlang laufen ließ, habe erfahren, dass diese Dinge nicht selbstverständlich sind.

Wenn man in der Gefahr war zu verdursten, dann total verschmutztes Wasser trank und wochenlang nur einen sehr beschränkten Speiseplan hatte, weiß man diese Dinge plötzlich zu schätzen.

Erst in Afrika ist mir klar geworden, was Hunger und Durst bedeuten. In welchem Überfluss wir in Europa leben, während in Afrika tagtäglich Tausende von Menschen, darunter viele Säuglinge und Kinder, an Mangelerkrankungen, Unterernährung oder Wassermangel qualvoll sterben.

Heute gehe ich mit den Ressourcen, die uns die Natur schenkt, viel sorgfältiger und sparsamer um, als ich es früher getan habe. Ich überlege mir genau, was ich einkaufe. Bei mir wird keine Milch mehr sauer oder Brot hart und schimmelig. Mineralwasser kaufe ich nur noch für meine Gäste. Denn seit ich durch die glühend heiße Wüste gewandert bin, weiß ich einen Schluck klares, kühles und sauberes Leitungswasser sehr zu schätzen.

Auch für diese Erfahrungen, die mich und mein Leben reicher, weiser, geduldiger und dankbarer gemacht haben, bin ich froh. Vielleicht auch gerade weil sie teilweise schmerzhaft und mühevoll waren. Ja, ich möchte sie nicht missen.

Nach meiner Rückkehr in die »Heimat« ist mir klar geworden: Als großer Junge habe ich Europa verlassen. Als Mann bin ich in die Heimat zurückgekehrt. Das ist das Wertvollste, was ich aus Afrika mitgebracht habe. Das kann mir niemand mehr nehmen.

Vielleicht gibt es Menschen, die dieses Jahr, das ich unterwegs war, als nutzlos, zeit- und geldaufwendig ansehen. Von mir aus können sie so denken. Es ist mir gleichgültig, denn mir ist bewusst, dass ich unendlich reich zurückgekommen bin – beschenkt mit Freundschaften, Erlebnissen und Erfahrungen, die ich sonst niemals hätte machen dürfen.

Was mich persönlich betrifft? Welche Pläne ich habe? Ich bin zufrieden mit dem, was ich bis heute erreicht habe. Natürlich steht noch einiges Spannende auf dem Programm meines Lebens. Was das ist davon mehr ... in meinem nächsten Buch.

Für heute: Alles Gute und bis bald.

# Joachim von Loeben

1971 auf einem Bauernhof in Niedersachsen geboren, zog es ihn schon früh in die »weite Welt«. Während der Schulzeit und des Studiums absolvierte er Auslandsaufenthalte in den USA und Frankreich. Die Liebe zum Reisen mit dem Rucksack entstand jedoch viel später: 1997 fuhr Joachim von Loeben mit dem Bus durch Australien und Neuseeland, 2000 zog es ihn nach Südamerika. Nach Beendigung von Jura- und Wirtschaftsstudium sowie einigen Jahren Arbeit im Bankensektor reizte ihn das Abenteuer der ganz anderen Art: Er wollte als Motorradneuling den afrikanischen Kontinent von Norden nach Süden durchqueren. Dafür legte er 2004 ein Sabbatjahr ein. Mittlerweile arbeitet Joachim von Loeben als Finanzberater in Köln und bereitet seine nächste große Reise vor – eine Weltumrundung, natürlich mit dem Motorrad.

www.triparoundtheworld.de

# Danksagung

Ein Dankeschön geht an alle, die zum Gelingen dieser wunderbaren Reise beitrugen.

Da sind an erster Stelle meine Schwester Anne und ihr Mann Werner zu nennen, deren Hilfeleistung in so vielen Einzelheiten bestand, dass sie den Umfang dieser Danksagung sprengen würde.

Es sind aber auch die Menschen nicht zu vergessen, die mich unterstützt haben, als ich mit meiner Entscheidung gehadert habe. An dieser Stelle sind besonders meine Freunde Philippe Hache und Jochen Kreutzberg zu nennen.

Ich möchte allen denen danken, die tatkräftig an der Planung und Vorbereitung der Reise mitgewirkt haben. Susi Boxberg, Achim Schmitt und Fred Greber haben meine Fragen stets geduldig beantwortet und waren auch während der Reise Helfer in der Not.

Das Team von Kabro in Köln hat mein Motorrad in Rekordzeit umgebaut. Peter Schlimbach hat seine Weihnachtsferien geopfert, um mich an Neujahr »in die Wüste schicken zu können«.

Die Betreuung durch den Highlights-Verlag war erstklassig. Sylva Harasim und Martin Schempp haben ihr eigenes Herzblut in dieses Buch gelegt.

Dank gilt auch den Unternehmen, die mich finanziell unterstützt haben. Hier sind zu nennen: Honda Richter und Blackfoot aus Köln sowie African Queen. Und die Firma Rukka, die den Druck dieses Buches unterstützte.

*Erstklassig auf allen Strassen*

**rukka**®

www.rukka.com

Allroad Jacke 79238 725R, Hosen 79239 725R

www.highlights-verlag.de

»Es sind die vielen kleinen Geschichten in der Geschichte, die dieses Buch lesenswert machen. Geschichten um Menschen vor Ort und Menschen unterwegs. Aber der Leser bekommt auch vermittelt, dass zwischen Reisen und Urlaub ein himmelweiter Unterschied liegen kann: Unerträgliche Einreiseformalitäten, Straßen mit motorradgroßen Schlaglöchern, Hitze, Kälte, Pannen.«

*André Gbiorczyk*
*»Syburger«*

## *Zauber des Orients*

Auf den Spuren von Marco Polo & Co.
240 Seiten, viele Farbfotos
ISBN 978-3-933385-40-6

www.highlights-verlag.de

»Das Buch gewährt tiefe Einblicke, viel Selbstoffenbarung und die Erkenntnis, sein Leben radikal ändern zu können. Es geht um das Leben zweier ehemaliger Bankkaufleute, die in der Motorradpresse vor einiger Zeit noch gut bekannt waren: Sylva Harasim und Martin Schempp. Heute sind sie die Verleger des Highlights-Verlags. Wie sie dazu kamen, beschreibt dieses persönlich geprägte Buch.«

*Markus Golletz*
*»megaphon«*

## Traumjob Motorradfahren

Arbeitsplatz Motorrad
176 Seiten, viele Farbfotos
ISBN 978-3-933385-69-7

# www.highlights-verlag.de

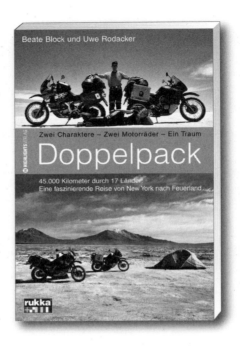

»Was bringt ein Paar dazu, die Sicherheit eines Lebens im behüteten Deutschland aufzugeben und gegen ein zwölfmonatiges Abenteuer einzutauschen? Die Neugier ist es. Die Neugier auf fremde Kulturen, andere Menschen, aber auch die Suche nach einem Sinn in diesem konsumorientierten Leben, das eben doch nicht alle Wünsche erfüllt. Den beiden Autoren ist ein eindrucksvolles Buch gelungen, das jeden in seinen Bann zieht, der mit seinem Partner im Doppelpack schon immer eine solche Reise unternehmen wollte.«

*Sylva Harasim*
*»Highlights-Verlag«*

## *Doppelpack*

Eine faszinierende Reise von New York nach Feuerland
264 Seiten, viele Farbfotos
ISBN 978-3-933385-33-8

www.highlights-verlag.de

»Das Sympathische an dem Buch ist, dass die sieben umfangreichen Geschichten aus sieben Kontinenten nicht nur reine Biker-Lektüre sind; obwohl die Texte natürlich eine Menge Tipps enthalten und von mancher motorradtypischen Schwierigkeit erzählen, spiegeln sie vor allem Land und Leute der bereisten Regionen wider. Denn bekanntlicherweise gibt es neben dem Motorrad keine andere motorisierte Fortbewegung, die unmittelbaren Kontakt und direktes Erleben auf so ungefilterte Art und Weise erlaubt.«

*Tobias Opitz*
*»Süddeutsche Zeitung«*

## 7 Kontinente

Motorrad-Abenteuer rund um den Globus
gebunden mit Schutzumschlag
320 Seiten, 32 Farbfotos
ISBN 978-3-933385-20-8

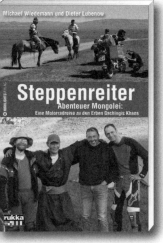

»Das Buch lebt nicht nur von den wiedergegebenen Eindrücken im Großen, sondern vor allem vom unterhaltenden Erzählstil, durch vermeintlich Nebensächliches. Zum Beispiel vom Besuch eines Schamanen – der nächste Arzt ist 400 Kilometer entfernt – und seiner Diagnose, der nach dem Sturz unbewegliche Fuß sei nicht gebrochen. Was schließlich zutrifft. Oder von den unzähligen Begegnungen mit bescheidenen und hilfsbereiten Menschen auf dem Land und in der Einsamkeit.«

*Norbert Bauer*
*»Enduro«*

## Steppenreiter

Abenteuer Mongolei
160 Seiten, viele Farbfotos
ISBN 978-3-933385-47-5

www.highlights-verlag.de

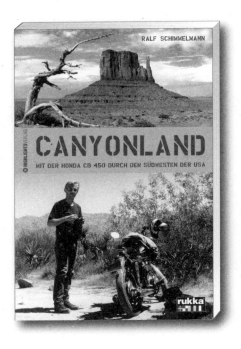

»Als Ralf Schimmelmann die Honda CB 450 zum ersten mal sieht, saß er vorher noch nie in seinem Leben auf einem Motorrad. Doch ist er schneller vom Motorradbazillus infiziert, als er denken kann. Für 15 Dollar macht er den amerikanischen Führerschein und bricht zu ausgedehnten Reisen durch das Land der Cowboys und Indianer auf. Grand Canyon und das Monument Valley stehen ebenso auf dem Programm wie die Route Number One entlang der Pazifikküste. Herausgekommen ist ein Buch, das jeden Motorradfahrer sofort zum Losfahren animiert.«

*Sylva Harasim*
*»Highlights-Verlag«*

## *Canyonland*

Mit der Honda CB 450 durch den Südwesten der USA
176 Seiten
ISBN 978-3-933385-35-2